中國最美的

96個度假

U0050963

《中國國家地理》編輯委員會 編著

前言

◎麗江黑龍潭

　　有一些地方，讓我們所有人嚮往：日月星辰在那裡自然地輪轉，飄蕩的雲彩更願意在那裡逗留，還有燦爛的陽光、碧綠的田野、可愛的花朵、潺潺的河流，如同喃喃柔情的歡歌，無待人，又無拒人地日月輪回……

　　高高的天山上，似乎有人在問：「是誰？是誰裁剪出如此爛漫的鄉野？是誰創造了這絕美的世外桃源？」一陣南風拂過，心底彷彿傳來輕輕的回答：「或許是漫天的星空吧。在寂靜的夜，天使偷偷地將眸光灑向人間；或許是綿延的大山吧，帶著大地的心動，贈予世間一方淨土，讓我們禁不住虔誠仰望，仰望那漫漫天河裡的燦燦星斗，仰望那茫茫綠野上的群群牛羊，在這裡尋找靈魂深處的寧靜與暢然。」

　　猶記得瀘沽湖旁，靦腆少女低聲的囑咐；猶記得額爾古納河邊，迷人的風光；閉上眼，耳邊彷彿還能聽見鳴沙山上的「隆隆」雷聲，以及魔鬼城中傳來「魔鬼」的聲響；只是不知大理那條不知名小河的波光，是否還在閃耀，不知三清山上看過的那朵嬌弱的小花，是否還在開放……

　　放開吧，放開日夜的繁忙、偶爾的爭搶，放開緊閉的心房，沏上一壺清茶，讓思緒在畫裡鄉村飛翔，去尋找傳說中絕美的世外桃源，去探索兒時快樂玩耍的天堂。不用顛簸流離，不用苦思彷徨，《中國最美的96個度假天堂》，就能實現你的夢想。

　　是的，上述的美景，還有更多更多，可以讓你在春夏秋冬隨意地和天地人文交融休閒，讓你領略浪漫鄉野的多情，讓你的思緒隨著曠達的山川而飄飛漸遠，讓你能在走過、經過之後，獲得一份永久的內心的虔敬 —— 精心的圖片、俊美的文字，都在娓娓道來……

目　錄

中·國·最·美·的
96個度假天堂

You Are Not Dreaming

優遊38處休閒美境

As Long As You Gone
任思緒飄飛的12處曠達所在

Chapter 03
心潮逐浪高
134

● Wondering Sky,Wondering Tale

讓心靈回歸寧靜的29處朝聖地

Chapter 01

離夢想最近的地方

優遊 *38* 處休閒美境

Paradise

瀘沽湖

仙/歸/之/處，雲/起/之/鄉

那一泓高山之間的湖水，是女神流淌在地球表面的一顆眼淚。如鏡般的幽藍澄澈，彷彿天地間最美麗的布景，神隱仙居的所在。

川滇邊界的崇山峻嶺中，隱藏著一泓幽藍如鏡的高原湖泊，那是強大、絕美而又任性的格姆女神所庇佑的藍色天堂——瀘沽湖。

雨後煙鬟淨，雲中螺碧幽，瀘沽湖無愧為氣候宜人的度假聖地。進入雨季，時時有雲霧繚繞的湖，根本不似人間。天明雲起，日暮漸開，住在湖畔的木樓裡，等待天青色煙雨，心會充滿說不清的柔軟思緒。「瀘湖秋水間，隱隱浸芙蓉」，海藻花如繁星點綴湖面，獨木舟無聲滑過，留下摩梭人悠長纏綿的情歌餘韻。

環繞在瀘沽湖四周的山，有種介於粗糙與纖細之間的美，既不刀劈斧立，又不柔緩平和。

美國地理學家洛克曾說，籠罩這裡的是安靜平和的奇妙感覺，小島像船隻一樣浮在平靜的湖上，一切如此靜穆，是一個適合神仙居住的地方。

沿湖居住著至今仍遵循母系社會傳統的摩梭人，原始、神秘而又美麗。孔雀一樣驕傲的摩梭男子，愛戴大簷兒馬帽，穿粗線織毛皮大氅，用風格粗獷的銀飾裝扮滿身。而爽朗俊俏的摩梭女人，紅色頭巾配上白色長裙，像山杜鵑盛開在谷中。他們不論男女，都能歌善舞，喜歡喝酒說笑。

關於瀘沽湖，有一個浪漫淒美的女神造湖故事。

美麗的格姆女神擁有無數情人，遠方的山神只能在夜晚與女神

🏔 地理位置
雲南/四川

👑 入選理由
最純淨的山水
最奇特的走婚

純淨的瀘沽湖邊靜臥的木舟。

相會。英俊的瓦如普山神長途跋涉來訪女神，路上花去了太多時間。因為女神的戀戀不捨和繾綣風情，居然忘記了禁忌，直到天明才匆匆離去，他被清晨第一縷陽光照到，變成一尊石像。女神為情人萬分傷悲，流下的淚水匯成了湖泊，而湖中散落的島嶼，則是她為哀痛這位「阿夏」扯斷了自己的珍珠項鍊撒入湖中化成。

從此，入夜相會，日出前必須離去，成為了摩梭人「走婚」必須遵循的準則。如果你在清晨來臨前，無意中發現了伴隨著一抹燈光的走婚人影，必須依照古老的禮儀立刻藏起來，既不讓自己的存在使對方尷尬，又要裝作什麼都不曾看到而守口如瓶。

不知今夜，誰會是格姆女神溫柔的情人，下一個清晨，誰又會迷醉在這片湖水的藍中成為雕像，永遠停留在這片天堂……

漁舟唱晚。瀘沽湖以自己的獨特美麗讓人凝神屏息。

大理

夢/想/開/始/的/地/方

雨後初晴，蒼山山腰出現了朵朵白雲，飄到山之巔幻化成為千萬朵潔白的雪蓮，
點綴得山水相連，天水相銜……

🏔地理位置
雲南

👑入選理由
大理三塔 蒼山
雪 洱海月

因著金庸老先生的《天龍八部》，人們想像大理是一部現世安穩、歲月靜好的傳奇。古色古香的大街小巷，清風明月相伴，小城訴說著舊事遺夢。天空藍得透明，播撒下愜意的陽光；夕陽西下，任古城牆引領我們通往遠古的路……大理是那麼真實、無為、寬容、和諧。

走進大理，不能不提起被人說得幾近凡俗的崇聖寺三塔、蒼山雪、洱海月。但還有一處，也許更能帶你走進大理最真實的心音，那就是蝴蝶泉。

走近蝴蝶泉，就走進了大理白族的愛情伊甸園。蝴蝶泉「三絕」——泉、蝶、樹——構築了青春的伊甸園，三者缺一不可：泉水水質清冽，很難相信它已經流淌了幾百年；陽春三到五月間，成千上萬隻蝴蝶「連鬚鉤足，自樹巔倒懸而下及於泉面」，繽紛絡繹，五色煥然；泉邊的合歡樹白天花瓣張開如一隻隻蝴蝶，夜晚又合攏吐出陣陣清香。蝶花相映，如癡如醉，如夢似幻。時至今日，四方白族青年男女都要到這裡「丟個石頭試水深」，用歌聲尋找自己的意中人。

當地的白族人民，世世代代講述著關於蝴蝶泉的美麗傳說。他們說，這些彩蝶是忠於愛情的古代青年男女變化而成的。而蝴蝶泉，則是愛情的泉水，那淙淙作響的水聲，是情人的低聲絮語，在古老的土地上經營著他們互古不變的愛情。每年4月15日蝴蝶會期間，四面八

方的青年男女信守著古老的愛情法則，以天地為鑒，蝴蝶泉為
證，彼此表情達意，互訴衷腸。

　　蝴蝶是會飛的花，花是夢中的蝶。是花是蝶，已然分不清
楚。化蝶是人性的回歸，是古往今來芸芸眾生最熱切的夢想。
在騷人墨客詩意的慧眼中，蝴蝶泉是莊周化蝶爛漫起舞的性靈
之地。夢之蝶擺脫了塵世的紛擾和羈絆，飄飄乎遺世而獨立，
逍遙於自由的伊甸園。想必愛情就是從塵世開出的自由的花
朵。

　　而在紛擾的節奏中，花上十天半月細細揣摩，你就能讀懂
並享受大理的祥和、溫暖與寧靜——如果你是懂得的人。

著名的大理崇聖寺三塔。

傣族潑水節上，水光
掩映成歡樂的海洋

西雙版納

十/二/千/畝/之/田

在北緯21°08'至22°36'之間，有一個奇妙的現象：地球同一緯度幾乎都是浩瀚
的沙漠與戈壁，如一條粗糙帶子，然而在這條帶子上，卻有著一塊令人歡喜的綠
色，這就是雲南南部的西雙版納傣族自治州。

西雙版納名稱的由來，是因明朝時宣慰司把這裡分為十二
個版納。「版納」在傣語是「千畝之田」，而「十二」
的傣語是「西雙」。「西雙版納」，意思就是「十二千畝之
田」或「十二千塊田」。

這裡是任何時候都適合旅遊的地方，終年無雪，只有雨季
與旱季。這裡的森林覆蓋面積達到60%，生長著許多神奇的植
物，如可製高級香料的依蘭香，千年的古茶樹，還有經常出現
在小說裡的箭毒木，它的樹汁見血封喉……

這裡的森林是如此的廣大，因而成了動物們棲息的樂地。
以至於你在這裡漫遊時，能看到大象慢悠悠地走著，羚羊和野

地理位置
雲南

入選理由
潑水節 美麗的
風光

牛奔過，犀鳥、白鷳在林間翻飛，孔雀展開華麗的羽毛。牠們是這裡真正的主人。

傣族世代居住在這裡，他們創造了傣文、傣曆。他們信奉小乘佛教，建造了許多佛寺與佛塔。他們熱愛音樂與舞蹈，男子身上有紋身，用那豔麗的圖案展示他們的勇敢與英俊。

潑水節是傣族一年中最隆重的盛會與節日，這個節日的由來有著一個動人的神話傳說。很久以前，天神捧瑪點達拉乍無視捧瑪乍制定的法則，使四季顛倒，晴雨互換，以致莊稼無法生長，人畜都染上了瘟疫。天王英達提拉得知後，為了懲處神通廣大的捧瑪點達拉乍，扮成英俊的小夥子，到他家裡去串姑娘（類似走婚）。他在那裡見到了被捧瑪點達拉乍關禁在深宮的7個女兒。姑娘們為了拯救人類，大義滅親，探知了殺死父親的唯一方法：用他自己的頭髮。她們灌醉了捧瑪點達拉乍，剪下他的頭髮，做了一張心弦弓，弓弦對著捧瑪點達拉乍時，他的頭顱就落了下來。可是頭顱卻噴出了沖天魔火，姑娘們不顧生死把頭顱抱在懷裡，魔火就滅了。為了徹底滅掉惡魔，她們輪流把頭顱抱在懷裡，直到它腐爛為止。而每輪換一次，就互相潑一次水，沖洗身上的污穢與遺臭。後來，人民在傣曆六月辭舊迎新的年節裡，就相互潑水，以紀念這7位大義滅親的姑娘，並求驅邪除穢，吉祥如意……

灘江

放/棹/灘/江/上

韓愈說：「江是青羅帶，山如碧玉簪」；袁枚說：「分明看見青山頂，船在青山頂上行。」

地理位置
廣西

入選理由
最純淨的山水
最無雙的凡塵

無數桂林山，不盡灘江水。灘江，這條發源自廣西興安縣貓兒山的河流，一路山水清佳如畫。而自桂林到陽朔的83公里的水程，更是天下河川中最秀美的一段，是桂林風光最讓人駐足的一章。

奇峰岌前轉，茂樹隈中積。伏波山、疊彩山、象山、塔山，桂林至陽朔，秀山麗峰奇岩沿途而立。灘江水隨山轉，彷彿一條碧帶蜿蜒其中，讓人領略無限美景。

泛舟灘江之上，天晴無雲時，可見碧波澄靜如練，兩岸峻偉的奇峰異山倒映水中，清晰如水墨丹青。舟船從中劃過，彷

靠水吃水，興坪的漁翁夜晚歸舟，而山水卻更加靜美純熟。

佛仙人自神境中游。煙雨朦朧時，兩岸山上，輕薄似紗的煙嵐嫋嫋而出，將一切都半遮半掩起來，山巒便如絕代佳人，站在紅塵與仙境的邊緣，展示它絕世的容顏。

　　楊堤到興坪，是灘江最美的一段水程。在鄉間的小路上，沿江徒步，穿過茂林修竹、炊煙嫋嫋的人家，彷彿行走在一卷山水圖中；而坐竹筏在水中漂流，月光島、童鯉魚掛壁、神筆峰、五指山，無數美景撲面而來，不可阻擋。

　　途中畫山九峰相連，壁如刀削，諸色斑斕如畫。遠遠看去，可見一匹匹駿馬，或奮蹄揚尾，或昂首嘶鳴，或覓食飲水，最多時可以看見9匹，所以又叫九馬畫山。前人讚歎它：「自古山如畫，而今畫似山。馬圖呈九首，奇物在人間。」

　　而黃布灘底有塊米黃色的大石板，如一匹黃布鋪在澄清碧綠的江水之下，因而得名。兩岸有7座山峰，傳說天上的七位仙女因喜歡黃布灘的風景，來此遊玩，在天帝的催促下也不肯返回天宮，化為山石永遠留在了這裡。

　　灘江，那藍碧的天、澄清的水、秀麗的山；那些險灘、沙洲、奇洞、幽谷，無論是天晴天雨，朝時暮時，都是難得的丹青山水。

　　當你遊完灘江這百里畫卷，無限美景，在以後的歲月裡，會在記憶裡時時展開，讓你魂思夢想，永不相忘。

到了這裡，才真正到了天地的神奇懷抱。

丹霞山

萬/古/丹/霞/冠/九/州

五彩斑斕的岩壁，與繽紛的雲霞一起，迷了人的眼，讓人一直看下去，直到聽聞悠揚的鐘聲才會驚醒。

丹霞山在廣東省韶關市仁化縣。傳說4000多年前，舜帝南巡經過此處，曾登山奏響韶樂。

這是一片神奇的山脈，懸崖峭壁、石峰石柱都由紅色砂礫岩構成，「色如渥丹，燦若明霞」。它是廣東四大名山之首，首批入選「世界地質公園」，被譽為「中國紅石公園」。

絕壁當千仞，危崖一線開。沿著丹霞山的丹梯鐵索、雲崖棧道向上攀登，那些石階窄窄的，長著青苔，越往上越難行走，到僅可容身之處，仰視壁立千仞，俯見深淵無底。即便是手扶著欄杆，都讓人覺得下一步會一腳踏空。然而，所見的風光又是如斯的奇秀。你走在這險道上，可見林木蔥郁，花草爛漫，奇石怪峰在雲霧之間時現時隱。丹霞山的大風光、大

🗻地理位置
廣東

✋入選理由
赤色的石頭
丹霞地貌

🌸著名的元陽石，周圍是典型的丹霞地貌。

景色，都是在絕險之處潑灑出一片奇麗來，動人心魄。

天下第一奇石「元陽石」雄偉地矗立在山腰，與元陰石一起，成為丹霞山最奇特的風景。先民們對這天地造化、一陰一陽的奇景頂禮膜拜，祈禱生命代代繁衍。

站在嘉遁亭裡俯視丹霞山，只見群峰林立，高低起伏。丹紅色的岩，峻峭陽剛，展示著天地的雄渾；莽莽蒼蒼的林木，無盡的綠色，又使得丹霞山含潤不可方物。

發源自江西崇義縣的錦江，蜿蜒流來，從丹霞山的群山眾嶺間穿過。江水澄澈，兩岸竹木清發，佳絕之極。江底鋪滿了五色石，傳說人類始祖女媧

潺緩流淌的錦江水。

就是採這裡的五色石以補蒼天。後來，她大概累了，臥身江畔，開始永恆的長眠，化身為石，成了坤元山，也就是丹霞山的一道風景──神女攔江。

丹霞山更是佛教名山，禪宗祖庭的南華寺裡，供奉著禪宗六祖慧能大師的真身。他在得到五祖衣缽後，在丹霞山的曹溪弘揚南宗禪法，傳播「不立文字，教外別傳」的大乘佛法。

行走在丹霞山的險道上，懸崖上的花開出一抹亮色，佛寺裡的鐘聲、梵唄聲隱隱傳來，洗滌盡人間的塵埃，讓人胸懷暢然。

時日以往，人類留下的痕跡漸漸消磨，有的甚至不見半點蹤跡。可是丹霞山依舊在這裡，那些翠林綠木依舊裝點著赤壁丹岩，讓人看盡顏色，追溯過往。

峨眉山

天/下/秀/奇/在/此/中

金頂、伏虎寺、清音閣、奇峰流水，峨眉彷彿佛境和人間的橋梁……

🏔️ 地理位置
四川

👑 入選理由
天下清幽

※ 金頂的十方普賢金像。在白雪的襯托下，更顯得佛教名山的靜美。

峨眉山是中國佛教的四大名山之一，位於四川盆地西南緣，大小山峰相對，狀如娥眉，於是得到了這個秀麗的名字。

金頂佛光、樂山大佛、日出、雲海、佛光、聖燈，擁有六大奇觀的峨眉山，自古以來都是巴蜀令人流連忘返的地方。在成都結廬的詩聖杜甫，不止一次攀登峨眉。無數千古詩篇，都在傳誦峨眉的秀麗和靈慧。

峨眉山也被稱為「大光明山」。相傳東漢明帝年間，峨眉藥農蒲公上山採藥，發現鹿的足跡中有蓮花開放，一路追到了金頂，在祥雲繚繞處，一抬頭見到了七彩光環中騎著六牙白象的普賢菩薩，從此史書中有了普賢降臨峨眉山的記載。

金頂佛光，也成了峨眉山的象徵之一。佛光也稱寶光，是直徑兩公尺左右的紅、橙、黃、綠、青、藍、紫的七彩光環。在天氣適合時，每種顏色都清晰可辨。光圈中不僅能映出佛影，也能映出遊客的身影，而出現在光圈中的人，當然被認為有著更多的佛緣和幸運。

金頂四大奇觀裡，其他三奇——日出、雲海、聖燈，也都不易見。如果在同一天看到三大奇觀，簡直是天賜的機緣。日出、雲海可解，而聖燈，其實是一種菌類植

物，只要在濕度合適的時候，就會在峨眉山林的幽暗中隱隱發光，像古時的長明燈一樣。當捨身崖下夜色沉沉，如螢燈光就會在黑暗山谷間或明或暗，這就是著名的峨眉神跡「萬盞明燈朝普賢」。

在峨眉，春季的林間開滿不知名的山花。夏日雨季，峨眉山的溪水變得異常活躍，蜿蜒流淌至腳邊，石子靜靜躺在溪底，幽綠的水草隨波漂蕩，宛如一幅空靈的水墨山水。

雖沒有青城山的青翠幽暗，峨眉山卻也有自己的靜謐。在清越的山林裡散漫行走，和著小溪輕吟，古剎誦經，會讓人感到莫名的平和。但峨眉山的「小大王」卻不這樣想 —— 那些幾乎比人更有主人意識的猴子，在峨眉山已經成了不可或缺的一部分，或許都有資格被列為峨眉第七種奇景。

峨眉的秀奇神秘，在動人傳說和無數遊人的足跡中變得生動無比，李白稱頌「蜀國多仙山，峨眉邈難匹」。置身這座巴蜀第一山之巔，又怎能不讓人感慨萬千。

✿ 金頂銅殿立於峨眉金頂最高處，全殿通體皆用銅件焊成，屋頂簷瓦鎦金，在陽光映照下，金光閃閃，照耀百里，故亦名金頂。

蘇州園林

咫/尺/之/內/再/造/乾/坤

> 五百年前，你是這園林的主人，如今，你再次回到這個地方，看見那些夢裡不停出現的亭台樓榭，三生花草。

提 到蘇州，便要提到蘇州的園林，因為是這些園林使蘇州成為了「城市山林」。

清風明月，小橋流水，粉牆黛瓦，楊柳荷花；曲徑的盡頭，峰迴路轉處，疊山理水，茂林修竹，這便是蘇州的園林。

它小巧、精緻、淡雅、寫意，是私家園林藝術最為極致的表現。一池碧水繞園外的水之亭園「滄浪亭」，亭台樓榭臨水而起的「拙政園」，曲橋迴廊往復的「留園」，山水錯落花木相映的「網師園」，湖石堆疊成假山迷宮的「獅子林」，以及「環秀山莊」、「藝圃」、「耦園」、「退思園」等等。這些園林，是古典詩詞中儁秀的章句，國畫丹青中最精絕的山水。

蘇州園林的景致，在小小門洞中都幽然盡現。

千奇百巧的庭院，鏤月裁雲的亭榭，匪夷所思的假山，曲折蜿蜒的流水，以及點綴其間的古木、修竹、奇花，將人居與自然奇妙地融合在了一起。有園必有水，有園必有山，讓人不下堂筵，便能坐窮泉壑、芳草、池塘之美。這咫尺之內的空間裡，有著無窮的意境。即使空間有限，即使身在鬧市，他們也要為自己開闢一方天地，來安駐自己的身心。他們不僅要創造藝術，更要住在藝術的氛圍裡。

這是建築之美，圖畫之美，更是文學之美。除了藝術的美感融入造型佈置外，借助那些隨處可見的匾額、對聯、石刻，古代士大夫們用或清雅或婉轉的

世界風華館 系列

中國最美的96個度假天堂

優遊38處休閒美境——春光瀲灩晴方好

☀蘇州著名的盤門，是元代修築的古建築。

字句，將內心追求的雅致灑脫表現出來，得到精神上的愉悅。他們寄情寓意於花木、山石、樓台、水榭，他們闡述了這些事物自身的美，更賦予它們人類的感情——寧靜、淡泊、安然、疏朗、嫻雅。

蘇州的園林，是春色關不住、探出一枝紅杏的粉牆，是煙雨中的悠長迴廊，是庭院深深處一樹盛開的桃花，是綠窗外拂雲的修竹，是角落裡帶露的蘭花，是花窗斗拱上時光經歷的痕跡，是樹木一年又一年的青綠。

在這些園林裡停留，最適合唸唐詩或宋詞，唱一曲元曲，因為它是那樣的容易讓人錯亂了時光，使人彷彿回到古代——在那麼一個盛世裡，寬袍長袖、雲衫霧裾的人在這裡或悠然吟唱，流傳著朗朗的書聲；或嬉笑鞦韆，飄逸著胭脂香味……

「上有天堂，下有蘇杭」，古老的蘇州，依依水韻中造就的，是無限的江南之美，是最柔媚女兒最嬌羞的回眸一笑，是指縫間流出的最婉轉動人的音樂華章。

地理位置
江蘇

入選理由
古典園林

太湖

水/光/山/色

美不美，太湖水。當白帆揚起，槳聲蕩漾，當夕陽西下，漁船歸家，太湖將展現它無盡的水韻柔情，醉倒了遊人心……

🏔 地理位置
浙江/江蘇

👑 入選理由
夕陽炊煙
漁舟唱晚

位於浙江與江蘇交界處的太湖，古稱震澤、具區、笠澤、五湖，自來號稱有七十二峰，四十八島，八百餘里。人謂「姑蘇台榭倚蒼靄，太湖山水含清光」。

「青為洞庭山，白是太湖水。」雖然時至今日，太湖的面積因種種原因比原來小了不少，但太湖的山光水色，隨著春夏秋冬而變幻出的奇妙景色，不曾稍減。洞庭西山、東山、靈岩山、馬跡山、惠山等也依然伴著太湖，年年歲歲，相守相依。就像傳說中，范蠡助越王勾踐滅吳復國後，功成身退，攜了西施，扁舟一葉，自太湖而去，不知所蹤，不管人間是非，而得歲月靜好。

於是太湖便天然地適合駕扁舟一葉，悠遊其間，看波光搖蕩，峰如螺黛，夕陽炊煙，漁舟唱和。

而如果攝衣上高樓，將太湖盡收眼底，你能看到水天共一色。這景色是那樣的空靈明淨，從遠處漫過來，彷彿一直要漫到你置身的樓上，將你包圍；而你會和那些沉浸在其間的峰巒一樣，得到安逸。

太湖開捕，漁船揚帆湖上。而到太湖，自然能吃到這裡的美味水產。

在高聳的崖壁下，碧色的水流輕輕流淌

三峽

眾/水/盡/朝/東

陳毅元帥曾這樣吟唱這裡：「峨岷高萬丈，蘷巫鎖西風。江流關不住，眾水盡朝東。」

三峽是由瞿塘峽、巫峽和西陵峽三段峽谷組成。它西起重慶奉節的白帝城，東到湖北宜昌的南津關，總長192公里。坐船沿江而下，兩邊的陡峭山壁似乎隨時都會擠壓過來，彷彿已到盡頭，但是轉過彎去又讓人豁然開朗，可謂「山重水複疑無路，柳暗花明又一村」。

瞿塘峽山勢雄峻，如斧削而成。江水至此，水急濤吼，蔚為大觀。在瞿塘峽北岸一處黃褐色懸崖上，有幾個豎立的洞穴，裡面是戰國時代遺留的懸棺，共發現九副，充滿了神秘色彩。

巫峽幽深奇秀。峽中九曲回腸，船行其間，頗有「曲水通幽」之感。巫峽最享盛名的是巫山十二峰，其中，又以神女峰最富魅力。它聳立江邊，宛若一幅濃淡相宜的山水畫。唐代元積曾有詩：「曾經滄海難為水，除卻巫山不是雲。」

🏔 **地理位置**
重慶/湖北

👑 **入選理由**
悠悠船行
險峻的峽灣

✿三峽瞿塘峽中，泛著
泥沙的水流湧動而下。

神女峰，一塊亭亭玉立的青石，完整無缺，看上去活脫脫一個美少女。傳說她是王母的第二十三個女兒，名瑤姬。她在紫清闕裡，向三元仙君學得了變化無窮的仙術，被封為雲華夫人，專司教導仙童玉女之職。一日，她帶著待從，悄悄地離開了仙宮，遨遊東海。一路上，仙女們飛越千峰萬嶺，閱盡人間美麗奇景，好不歡快。豈料來到雲雨茫茫的巫山上空，卻見十二條蛟龍正在興風作浪，危害百姓。瑤姬大怒，她決心替人間除龍消災，於是施展仙法將十二蛟龍打死，並劈開阻擋水的大山，使水患得以治理。十二蛟龍雖已處死，但是瑤姬並未離去，她仍然屹立在巫山之巔，為行船指點航路，為百姓驅除虎豹，為大地耕雲播雨，為治病育種靈芝。年復一年，她忘記了西天，也忘記了自己，終於變成了那座令人嚮往的神女峰。

❀ 這三峽的山水畫廊中，瞿塘峽雄，巫峽秀，西陵險⋯⋯

而西陵峽灘多水急，其中的泄灘、青灘、崆嶺灘，為著名的三大險灘。

在這裡居住著土家人和其他多個民族。在他們歌舞的傳說裡，有一個三峽巫文化的巫性女神。她介乎人神之間，聰明、漂亮、活潑、狡黠、精力旺盛，赤裸的美妙的身段，纏著纖細的女蘿藤，披著翠綠的木蓮樹枝、石蘭葉和芬芳的杜衡草。她喜歡歌舞，在人們的視線中時隱時現，做著愛情的遊戲。而這裡的姑娘小夥子們就借助這種山鬼的舞蹈演繹自己美麗的愛情。

而現在的三峽水，在幾級水庫蓄水的作用下，已不再波濤洶湧了⋯⋯

張家界

三/千/翠/微/山，八/百/琉/璃/水

如果說，畫家虛構的精絕山水是奇思妙想，妙筆生花，那麼，到了張家界，你會發現，大自然遠過之而無不及。

湖南省西北的張家界國家森林公園，位於武陵山腹地，東臨八百里洞庭湖，西及湘、鄂、川、黔四省邊界。傳說漢高祖劉邦推翻暴秦平定天下後誅殺功臣，留侯張良見機退隱江湖，來到青岩山隱居學道，並將青岩山改名張家界。

而一億五千萬年前，這裡是一片茫茫大海。後來，地殼運動將海底抬上了海面，也將那些被時光醞釀了無數年的海底絕景展現在地面上。石英砂岩峰林地貌與喀斯特地貌完美地融合在一起，使得張家界成為了絕世無雙的「山體藝術博物館」。

然而，相比那些千古名山來說，張家界太寂寞了，一直一直，都沒有人知道。直到20世紀末，畫家吳冠中發現了它，寫了《養在深閨人未識》來讚美它。張家界於是「一朝名動天下知」。

俯瞰張家界，群峰掩映於雲海，別具一番畫墨清神。

張家界三千翠微山，三千多座石峰連綿起伏，形態萬千，彷彿屹立萬年的巨人，撐起天地。那是一種震撼人心的美，獨絕天下。山在雲霧縹緲之間，有的高插雲天，有的危如累卵，有的群峰對峙，有的孤峰獨立，有的斧劈刀削，稜角分明。而石峰岩壁上，都長著鬱鬱蔥蔥的樹木，一切是如此奇麗多姿。

張家界黃龍洞的奇特景觀。

天子山是張家界的群山之王。在天子山「天子閣」上遠眺，東南西三面，峰林聳立，溝壑縱橫，似無數的刀槍劍戟，直刺青天，彷彿有人正排兵佈陣。最令人稱奇的是，每到春夏的農曆十五，久雨初晴之時，在天子山的月亮埡能看見紅色的月亮，鮮血一般的光芒，將周圍照得一片通紅。而天子山名稱的由來，還有一段故事：元朝末年，這裡的土家族首領為了抵抗暴政，保護百姓，揭竿而起，稱「向王天子」，得了各族人民的愛戴和擁護，人們就命名了「天子山」來紀念這位英雄。

🌸
🏔️地理位置
湖南

👑入選理由
喀斯特地貌
石英砂岩峰林地貌

著名的張家界天子山。

張家界有八百琉璃水。散落在群山之中的溪流、瀑布、泉水,有最輕柔的靈性與奔騰不息的生命。

金鞭溪的水最為清澈明淨。沿著石板路溯源而上,兩岸樹木繁綠,山峰高聳,移步換景。隨著溪水一起,只見花草鮮豔,青苔流梳。溪水的源頭立著金鞭岩。傳說秦始皇用金鞭趕山要填平滄海,龍王派出小女兒騙過秦始皇,將假鞭換了真鞭。秦始皇趕山不動,大怒之下將假鞭拋在地上,化成了金鞭岩,更將龍女碎屍萬段,拋灑在金鞭溪畔。第二年,溪畔長出來形如龍蝦的龍蝦花。

在張家界,看三千群山石林的壯麗,把心交給天地;聽溪水飛瀑的清音,讓心融入自然;在寶湖峰坐一條小船,聽撐船的土家族姑娘唱一支山歌。那歌聲清脆嘹亮,在水面上浮動,在山谷裡迴響;在黃獅寨接一個繡球,穿上土家族新郎的衣裳,喝一盞交杯酒,看一看土家族婚嫁的風俗,聽一聽千古傳唱的哭嫁歌……都是不可多得的浮生快意。

雲與天在一起,山與雲在一起,水與山在一起,花草樹木與山水在一起。造化在人類遠遠還沒有誕生之前,便開始著手佈置張家界的美,使它成為自然迷宮、岩石博物館、植物園。這裡有陽剛之美,雄渾博大;這裡有秀慧之美,清和舒緩。這兩種美相互交融,令人無法不為之沉迷。

張家界,是華美的詩一首,是雄壯的詞一闋,是悠長的曲一支,是天地自然之中,最為美麗的山水畫廊。

香港迪士尼

美/輪/美/奐/的/童/話/世/界

一直都認為一座繁華的城市背後，應該有一個美輪美奐的童話來支撐起人們生活的夢想。香港的迪士尼樂園就構築了這個夢想。

香港迪士尼樂園位於香港大嶼山竹篙灣，占地126公頃，是世界第五個迪士尼樂園，有四個著名的主題區：美國小鎮大街、探險世界、幻想世界、明日世界。

來訪香港迪士尼樂園，最先會在美國小鎮大街開始流轉的夢幻之旅。時光在這裡緩慢運行，20世紀初浪漫的美國風情在這裡得到真實的重播。柔和淡淡的煤氣燈，富有懷舊色彩的火車或馬車，來來回回的樂隊、巡遊隊的精彩表演，讓人流連忘返。

而穿過睡美人城堡，就邁入了一個充滿魔法的永恆國度——夢幻世界。這是樂園的中心，來訪者可與自己心愛的白雪公主、仙子、可愛的米奇老鼠、小熊維尼這些迪士尼人物，來個親密接觸。當然還能親歷「小熊維尼歷險之旅」，和全家人玩小飛象旋轉世界、瘋帽子旋轉杯、灰姑娘旋轉木馬……

除此，探險世界是為勇敢、富有探險精神的人而準備的，充滿了異國情調；明日世界則充滿科幻奇談，人們可以駕著「太空飛碟」在「太空」任何一處漫遊。

在這裡，只要你敢幻想，所有的夢想都會成真。

📷 地理位置
　香港
✋ 入選理由
　童話人物
　夢幻的世界

2005年9月12日，香港迪士尼樂園舉行盛大的開幕典禮。

荔波

地/球/腰/帶/上/的/綠/寶/石

這是一個綠色的碧野，是讓你心情放鬆的地方。

地理位置
貴州

入選理由
小七孔 大七孔
最翠嫩的鄉情

黔7 南邊隄布依族苗族自治州有一顆「地球腰帶上的綠寶石」——荔波。「繞郭平池十里長，人家倒映水中央。」這裡的水，是碧玉一般的顏色，有寶石一樣的透明。坐著船，自樟江沿河而下，隨著平穩的水浪輕輕起伏，你會沉醉在青山綠樹中，沉醉在點綴其間的質樸村落中，沉醉在瀑布、湖、潭、洞、林之中。

荔波有著秀美幽宜的所在，「超級盆景」小七孔。

響水河68級的疊水瀑布群，就像一條長長的銀帶，撩得人想去拉直它。拉雅瀑布則落著大大小小的珍珠，請用玉盆去裝吧。鴛鴦湖上，古樹一長就是一千年，湖中的山看著它一年一年拔高。臥龍潭裡，清幽的水，是真正的春來江水綠如藍。夏季的時候，潭水自大壩瀉下，驚濤如雪，其聲震天。極其深

大山中瑤族支系白褲瑤的台腳倉，可防老鼠。

邃的天鐘洞、林水交融的漏斗森林的野豬林、龜背山的喀斯特森林，都讓人難捨難分。

喀斯特地貌上，形成了幽美的瀑布。

荔波有著雄壯神奇的所在，大七孔。

妖風洞的傳說足以使人膽戰心驚，何況水流進入洞口，成了疊水，成為陰森的暗河，足以讓人做一個妖異的夢。自屹立於河上的天生橋走過，又會有羽化成仙的幻覺。貴州高原最大的地下「宮殿」地峨宮裡，看著那些河、瀑布、湖，又讓人會想著，這是哪位神祇停駐的地方。經過危壁聳立的山神陝，走過橫溪而臥的大七孔橋，看過水浪滔滔的清水塘，漂過參天樹木夾岸的笑天河……這些，都足以讓人心曠神怡。

荔波的水與山養育的水族、苗族、瑤族、布依等民族，亦和荔波蒼莽的森林、碧綠的水一樣，令人領略到一股清新明媚的平靜安和。

荔波是安然的。可以坐在湖邊，去看老樹巨大的樹冠，猜測它的年齡；可以躺在小船上，隨波逐流，看白雲蒼狗，變幻無常；可以看塘水清碧，聽雨打竹葉，浮生半日閑閑過去；可以和老人們喝著茶，講那些舊時傳說，一講就一個下午。

去荔波吧，因為它會把你的心收住，從此不再遊走無定。

小七孔景區的天鐘洞。燈光映照下更像燦燦的金鐘。

武夷山

九/曲/溪/流/青/嶂/裡

三十六峰真奇絕，一溪九曲碧漣漪；白雲遮眼不知處，人間仙境在武夷。武夷山的美，是非經過而難以盡知的……

福 建西北崇安縣境內的武夷山，以丹霞地貌著稱。紅色砂岩經億萬年風雨剝離，流水侵蝕，形成了武夷山奇絕的山石洞崖。有的如劍插青霄，有的如屏風疊張，有的如美女簪花，有的如武夫雄立，不可盡言。而九曲清溪將這些奇峰異岩盤繞連貫，「曲曲山回轉，峰峰水抱流」，山與水完美地融在一起，成就了武夷山獨樹一幟的「碧水丹山」。

九曲溪的水晶瑩如玉，蜿蜒縈迴於丹崖翠峰之間，從東向西，九曲回腸。溪底清淨無泥，滿是斑斕的鵝卵石。急處水流擊石，發出天籟一般的聲音。

溪兩旁分布著三十六峰，九十九岩，單斜的丹霞地貌使得所有的峰岩都頂斜、身陡、麓緩，如萬馬向東奔馳，姿態萬千。筏工頭戴斗笠，用一根竹篙，輕鬆駕馭竹筏，自九曲溪順流而下，在這些奇峰異岩間漂過。看兩岸綠樹參天，每一灣都有絕美的風情，使人彷彿進入空靈奇幻的神仙之境。

看山不用杖而用舟，九曲溪是武夷山的精魂，使武夷山別具一格。沒有九曲溪的武夷山，只是奇山怪岩；有了九曲溪，那些山石才將真正的靈性迸發出來。它是「臨去秋波那一轉，便是鐵石人，也意惹情牽」。

沿著曲曲折折的石階，登臨高冠武夷群峰的天遊峰峰頂憑欄遠眺，近處諸峰連綿，九曲溪蜿蜒丹峰青嶂之間，秀美之意立即讓人心腸百轉。

武夷山的美在奇絕的山，在靈動的水，也在千古綿延的人

地理位置
福建

入選理由
丹霞萬峰
神秘懸棺

奇特的丹霞地貌景觀，倒映在靜靜的水中，更加韻致悠然。

文傳承。古越人在新石器時期便在此繁衍生息，他們在懸崖絕壁上留下了神秘的架壑船棺與虹橋板。這裡歷來也是羽客、僧人、儒士的隱居勝地。漢武帝曾遣使者用乾魚祭祀掌管武夷山的神仙武夷君，道教將它列為三十六洞天中的「第十六升真元化洞天」。 它也是儒家理學名山，朱熹曾在這裡講學，親手建造了武夷精舍。

三三秀水明如玉，六六奇峰翠插天。無論是春暖花開時節綠粉紅葩，還是秋涼霜清時節丹楓如染，武夷山的山水都明媚含情，是一幅絕美的畫卷。而你，是進入這畫卷的旅人，輕衣坐筏，以觀山景，迷醉其中，忘所從來。

武夷山大安源清澈的溪水。

35

神農架

中/華/屋/脊

這裡有大片的原始森林，野人在這裡出沒；這裡有神奇的自然景致，生存有珍貴的動植物。這裡，令人嚮往又充滿離奇……

神農架位於湖北西北與四川毗鄰的地方。相傳上古五帝之一的炎帝神農氏，曾在此架木採藥，救治百姓，因而得名神農架。神農架群峰峻峭、危岩疊嶂、溪瀑爭喧、林海茫茫、植被繁茂，有兩千多種草藥，其間出沒著各種白色的動物，白熊、白鹿、白蛇、白猴、白鵰……

這個被稱為「中華屋脊」的地方，也是一個神秘的地方。紅花鄉的潮水河，每天早中晚，河水都要漲潮一次，並隨著雨季與旱季的不同而有清濁之分。宋洛鄉里水洞更是神秘，一旦洞外在28℃以上時，洞內就會結冰——岩縫裡滲出來的水凝結成冰柱與冰簾。西坡村的如粗柱般聳立在山坡上的奇石，從年初到7月，都會發出鑼鼓、嗩吶齊奏的樂聲，讓人歎為觀止。而時隱時現的野人，更是給神農架平添了一份神秘的氣息。

而讓人醉心的，還有先民們在這裡留下來的種種痕跡。比如威嚴的佛寺道觀，土淹草埋的川鄂古鹽道，民居裡老舊的木雕，無不顯示著炎黃子孫的聰慧與綿延不絕的文化傳承……

地理位置
湖北

入選理由
出沒的野人
神奇的山水

✿雲霧飄浮的神農架，是一個神奇的地方。

36

石林

妙/造/自/然，伊/誰/與/裁

那些石頭，是雄健的詩，是奇幻的畫，是自然的最大恩賜。

石頭長成樹，長成樹林，需要多少年？造化明顯眷顧著位於滇東南部的石林彝族自治縣。

正如同乃古石林「乃古」兩字是彝語「古老」、「黑色」的意思一樣，石林是很古老很古老的，沉睡在寧靜的黑色中的事。

3.6億年前的古生代泥盆紀時期，這裡還是滇黔古海的一部分。過了上億年到了石炭紀時期，石材開始形成，海水日夜沖刷著石灰岩，沖出無數的溶溝與溶柱。又經過滄海桑田的轉變，那些溶溝與溶柱出現在大地之上，再經過億萬年風吹日曬，山河震動，才留下了無數險、奇、雄、秀、幽、曠、奧的石峰石柱，留下了大石林、小石林、乃古石林等近400平方公里的，世界上最為奇特的喀斯特地貌（岩溶地貌），壯麗如奇幻世界中最震撼的畫面。

那些峰迴路轉後的奇石，曲徑通幽處的異峰，無不顯示著自然的心靈手巧與造化的慧心垂顧。所以，它理所當然地接受

地理位置
雲南

入選理由
石頭的歌唱
「阿詩瑪」

古往今來無數詞人墨客的吟詠歡唱，讓人傾心在那其間，駐足傾聽自然最雄奇的聲音，造化一億年又一億年留下的祕密。

而在四季如春的石林，住著彝族的撒尼人。每年的農曆六月二十四日，是彝族人的傳統節日，他們會舉行「火把節」。他們點燃火把，祓惡禳災，慶賀豐收。此時，石林四周各個村寨的男女老少，身著豔麗的盛裝，會集歡慶。

他們在白天摔跤、爬杆、鬥牛，釋放出生命的激情。夜晚則燃起熊熊的火焰，跳阿細跳月，大三弦舞，唱著古老的歌謠，追溯著先人的勤勞，感謝天地的恩賜。

如果此時從離石林6公里處的石航坐直升機，從空中看下來，你會看到許多碩大的花朵盛開在石林中。那是火的花朵，光的花朵。

石林是一片森林，而生活在這裡的彝族人就是點亮它們的火種。這是生命裡永不熄滅的火焰，是生命最初的起源。

妙造自然，伊誰與裁。石林，正如同屹立在石林裡的阿詩瑪石的傳說一樣——阿詩瑪日日夜夜、風風雨雨地等著她的阿黑哥，而石林經億萬年滄桑、風吹雨打留下的容顏，也只為等你來，看一眼。

連片出現的高達20公尺～50公尺的石柱群，遠望如樹林，故得名為「石林」，術語「石林」一詞即源於此。

廬山

匡/廬/奇/秀/甲/天/下

廬山秀出南斗傍，屏風九疊雲錦張，影落明湖青黛光。金闕前開二峰長，銀河倒掛三石樑。香爐瀑布遙相望，回崖沓嶂凌蒼蒼。

長江中下游平原與鄱陽湖畔交界處，有一山被重重雲海層層包圍，仿若巨大的天然屏風，它就是舉世聞名的廬山。

「一山飛峙大江邊，躍上蔥蘢四百旋。」巍峨挺拔的青峰秀巒，噴雪鳴雷的銀泉飛瀑，瞬息萬變的雲海奇觀，俊奇巧秀的園林建築，耐人尋味的傳說故事，使得自古以來讚美廬山的名家著作多不勝數。然而最初吸引古人的，或許是半山腰終年繚繞的重重雲海。

周威烈王時，匡俗先生在廬山學道成仙，人便稱這裡為「匡廬之山」，又稱廬山。自此以後，許多人為了修煉飛升紛紛在此定居，他們煉製仙家妙藥時所飄出的輕煙化為了朵朵白雲，時間久了聚集不散成為防止世俗凡人打擾清修的雲海。於是被阻的人們修起供奉仙人的廟宇神殿，祈求追尋冥冥之中的神奇靈緣。這些前人造就的園林建築，其匪夷所思的構思、巧奪天工的技巧，令後人無限讚揚。

「飛流直下三千尺，疑是銀河落九天。」奔放壯麗的瀑布宛

地理位置
江西

入選理由
瀑布　溫泉
白鹿洞書院

廬山如琴湖秋色。

39

如脫韁的銀龍，自由遨遊在山間崖邊，徘徊於星辰日月中。

與銀龍相伴的白鹿洞書院已創立千年，它以「格物、致知、誠意、正心、修身、齊家、治國、平天下」為思想教育的基礎，為古四大書院之首。不知多少雅人墨客在此讀書訪友，留下數不盡的風流詩章。

黃龍潭、烏龍潭，兩潭相鄰，兩名近似，卻有截然不同的傳說。黃龍潭裡住著桀驁不馴、亂發山洪的黃龍，烏龍潭裡卻住著溫馴善良、普降甘霖的白龍。且不談傳說是否為真，單只為兩潭風光，已足令人嚮往。幽深的山間，溪流潺潺繞石而下，集成數條細小白練跳至山腳沖出幽幽深潭。

廬山最奇妙處，是溫泉和冰川共存。剛見識過氤氳著硝磺味的醫療溫泉，隨便拐上一條小徑，翻過一道山嶺，突然就會變得寒氣逼人，路邊的樹木草叢中都結了冰條，溫暖的感覺頓時消失殆盡。

春尋花徑夏踏峰，秋遊錦繡冬賞湖。廬山的景色永遠絢麗，令人心境豁然。而來此，紅塵中的爾虞我詐驟然消失，只剩悠然以對的清心和安寧。

廬山三疊泉碧清的瀑布深潭。

紮龍自然保護區

鶴/的/家/鄉

這是一片美麗的濕地，這裡充滿著神奇的傳說。然而，當你走進，你會發現，它遠比你想像的富饒多姿！

地理位置
黑龍江

入選理由
丹頂鶴的故鄉

黑龍江省烏裕河流域的下游，松嫩平原上，齊齊哈爾市、杜爾伯特蒙古族自治縣與林甸縣交匯地帶，有一片一望無際的濕地——紮龍自然保護區。「紮龍」是蒙古語，意為「牛羊的圈欄」。烏裕河的水流到這裡，失去了河道，無處可去的河水漫溢而出，形成了無數的沼澤與克欽湖、仙鶴湖、龍湖、南山湖等大大小小的湖泡。那些彎彎曲曲的河道連通交貫著湖泡，彷彿絲線串起顆顆明珠。除了綠草如茵的草原草甸外，紮龍更生長著大片的蘆葦。每到蘆葦花開的時候，彷彿一片潔白的雪籠蓋了這裡。

夏季多水季節時，河水泛溢，可匯成數百公里的湖面，如明鏡一般，可以享受「小舟如畫，漁歌唱入蘆花」的美。而當天清氣朗的時候，登上望鶴樓，可以看見無邊無際的蘆葦蕩，被風吹起一層又一層的綠色波浪，一直綿延到天邊。總有大群的水禽自青青的蘆葦叢中飛起，排雲直上，在陽光下劃出優美的弧線，讓人覺得牠們的翅膀就是夢想的希望。

紮龍，是水禽的天堂，生活在這裡的鳥類品種之多之珍稀都是中國罕見的。每年的4～5月，8～9月，會有幾百種野生禽鳥飛來，遮天蔽地，極其壯觀。紮龍

✿紮龍昂頸高歌的一對丹頂鶴。

鳥類中最著名的是鶴，全世界15種鶴中，中國有9種，而紮龍就有丹頂鶴、白鶴、白頭鶴、白枕鶴、蓑羽鶴等6種，因而，紮龍被稱為「鶴鄉」。

鶴是「羽族之宗長」，「一鳴九皋，聲聞於野」，在鳥類中有著孤傲高潔的品質。丹頂鶴與大天鵝一樣，是世上有著最忠貞的愛情的鳥類。牠們終其一生只有一個伴侶，如果其中一方死去，另一方將不會再有其他伴侶。在紮龍，你會看見那些有著修長身軀、漂亮羽翮的仙鶴，展示牠們最為優雅高貴的姿態。無論是靜立不動，還是展翅伸頸，亦或回首叨翎，牠們的每一個姿勢都是一道風景，儀態萬方，讓人一見難忘。

如果幸運的話，還能看到丹頂鶴的求愛。雄鶴會用叫聲向雌鶴求愛，那是真正的男高音，能傳出三五公里。那是對愛情最執著的追求。當雌鶴接受雄鶴的追求，會發出叫聲與雄鶴相和，互相纏繞，柔腸百轉。而後，牠們會跳起「雙人舞」，以優美的舞姿在大自然中完成婚禮，相伴一生。

關於這裡的丹頂鶴，還有一個美麗的傳說。相傳遠古時候，紮龍是一片鹽鹼地，極不適合人們居住。有一天，一條受傷的巨龍掉落在這裡，善良的人們給龍搭了涼棚遮躲烈日，從遠處挑來清水澆潑龍的身體，希望牠能回到天上，繼續行雲布雨。人們的善良感動了百鳥仙子，她令丹頂鶴等仙鶴與無數的鳥類，前來幫助巨龍，終於使巨龍回到了天上。而巨龍曾經停留的地方變成了一個巨大的湖泊，成了一個風調雨順的好地方。

除了這個傳說外，紮龍還有另一個關於鶴的傳說：天宮的仙女們愛慕人間的景色，來到紮龍這個美麗的水鄉澤國，在這裡沐浴嬉戲。其中一位仙女與人間的書生相互愛慕，他們在一起，生下了可

❀ 水草豐美的濕地上，長滿了青青的蘆葦。

愛的兒女。可是王母娘娘發現了這件事，幽禁了仙女。書生久等愛侶不來，相思成疾，死後化為一汪湖水，等待妻子的歸來。而他們的兒女想飛到天宮尋找母親，長出了羽毛，變成了仙鶴，從北到南，從南到北地飛，尋找母親。可是他們只是人與仙之子，只能飛到距天宮一半的高度，再也飛不上去，只好在紮龍等母親回來。但他們繼承了父母的美俊與深情，生活在這裡。

美麗的傳說，美麗的地方，也許正等待著更多的人來此，感悟美麗……

是的，紮龍，是北國的江南。鮮花開遍，草長鶯飛，水清波平。你是一個旅者，沿著河道，從這頭到那頭，看見蘆葦的綠意染滿了你的衣裳，看見一群群的鳥兒飛來飛去，看見仙鶴用世間最優雅的姿勢飛翔，聽見仙鶴纏綿的和唱。然後折一根蘆葦，吹響這新鮮的蘆笛，唱響紮龍所有的美麗。

黃山

天/下/第/一/奇/山

它兼具泰山的雄偉、華山的險峻、衡山的縹緲、峨眉的清秀、雁蕩的奇巧和廬山瀑布飛瀉的超然，它沉澱了炎黃子孫千年以來的傳說與夢想！

黃山因徐霞客的一句「五嶽歸來不看山，黃山歸來不看嶽」而聲名動於天下。然而，真正的黃山又是什麼樣子呢？「橫看成嶺側成峰」，高、秀、奇、幻……到底哪個是黃山的真面目呢？

黃山坐落在安徽南部與浙江、江西兩省交界的黃山市。它的由來，有著一段神奇的故事。據說先秦時，有一座黟山，是軒轅黃帝與手下大臣容成子、浮丘公煉丹並得道升天的地方。後唐玄宗依此傳說，將黟山敕改為黃山。

來黃山，聽到最多的就是黃山的奇幻。「七十二峰、二十四溪、三瀑、二湖」，「奇松、怪石、雲海、溫泉」，相映爭輝。而四時變換，晨昏晴雨，日出、雲海、晚霞、霧淞，瞬息萬變。黃山就像一個沉澱千年的謎，待你踏入，體會其中的奧秘。

🏔 **地理位置**

安徽

✋ **入選理由**

迎客松

日出雲海

❋黃山雲霧繚繞中的雙筍峰。

45

黃山「七十二峰」以「奇」、「險」聞名，前山崢嶸崔嵬，以玉屏樓為中心，蓮花峰和天都峰為主體。其中蓮花峰是黃山最高的山峰，因其周圍群山環繞，形似蓮花而得名。春夏是登黃山最好的時節，沿著蓮花峰上蜿蜒的小道上行，路旁懸崖邊似飛龍或似雙龍的青松，與山間石隙綻放的杜鵑相映成趣，引得人們禁不住駐足流連。待到峰頂時，遙望四方，萬里晴空，天目山、廬山、九華山盡收眼底，不禁讓人感歎：千峰競秀，黃山最高！

蓮花峰頂還有一奇觀，那就是在四周鐵索上，掛滿了各式各樣的鎖。這是來黃山的情侶或夫婦留下的愛的痕跡。那些鎖必是兩人攜手扣上的，連心的式樣正寄託著永結同心的願望。其實，在黃山，不僅蓮花峰頂有這樣的景象，幾乎黃山所有的護欄鐵鏈上都可見愛的痕跡，不止有兩鎖相扣的「同心鎖」，還有大小不一、相互連結的「全家福鎖」和專

✿飛來石立於一塊長12～15公尺，寬8～10公尺的岩石平台上，與平台岩石之間的接觸面很少，似從天外飛來，因而得名。

為孩子繫的「長命鎖」等。

如果說黃山玉屏樓一線是「奇」，那麼光明頂、始信峰、獅子峰、白鵝峰一線便是幻。由光明頂到白鵝峰，是一片海拔1600公尺左右的開闊地帶，峰、石、塢、台、松、雲等各種奇幻景色彙集。

在獅子峰清涼台觀雲海、看日出，瞬間天地變幻。漫天的雲霧，隨風飄移，時而上升，時而下墜，時而迴旋，時而舒展，波起峰湧，浪花飛濺，驚濤拍岸，彷彿霧靄之中有千軍萬馬，奔騰去來，構成了一幅既奇特又千變萬化的雲海大觀。而此時的黃山，掩藏在層層疊疊的雲海中，隱隱約約，彷彿是海外的仙山，秀、奇之色盡顯眼底。待曙日初照，卻又浮光躍金，金霞萬照，更是豔麗不可方物。因此，也有清涼台是黃山觀雲海日出最佳處之說。

黃山前山險，而後山秀。後山是黃山北坡，沿芙蓉嶺上行，爬上6500餘級石階，一路溪水淙淙，寺庵幽古更增添了靜謐的色彩。在此線，光滑的摩崖上，刻著直徑約3公尺的大「佛」字，其他如「福」、「壽」、「南無阿彌陀佛」等，各盡風情，好似在隱隱的風中訴說著千年以來，人們對美好的渴望。

黃山，給人一種無法言喻的美，美得那麼奇幻，卻又那麼真實。無論是雲遮霧繞，若隱若現的嫵媚，還是豔陽高照下的鐵骨崢嶸；無論是陽春三月漫山遍野的山花爛漫，還是銀裝素裹下的霧淞、冰凌……黃山都以它獨有的中華民族文化的沉澱，吸引著一代代的炎黃子孫，也向全世界展現著中華山水的神韻。

❧黃山腳下，油菜花黃時節的水墨村莊。

夜晚的青島海濱，
燈光燦爛美麗。

青島海濱

美/麗/的/北/國/之/濱

就在這北方最美麗的海濱沉醉忘歸吧……

青島海濱風景區，位於青島市區南部沿海一線。天藍，水藍，這是青島給人最直接的視覺印象。晴天天藍海碧，天水相接，如同妙齡女子，臉上滿溢青春的陽光。即使在陰鬱的天氣裡，青島的海顯現的也是一種淡雅柔靜的秀美。沿著海中長堤走下去，像是漫步在雲端，浪漫縹緲，如夢如幻。

作為青島象徵的小青島和棧橋是嫵媚動人的。棧橋最適宜賞海觀景，臨棧橋之端，就像雙腳踏進了海洋的深處，獲得了立體的感受，瞬間減去了倚岩觀海的平板，消去了固定視角帶來的疲憊。夕陽之下臨棧橋，朵朵浪花飛濺，浪頭翻卷而去，人的心事便隨風而散。棧橋的夜晚十分美麗，是浪漫的美麗。橋上亮著燈，遠遠地看如天上的街市。橋末端燈火通明、晶瑩剔透的回瀾閣更讓人聯想起天上的宮殿。行人、燈火，朦朧閃爍的這一切，就是現實中的天上人間吧。

青島另一處風情別致的地方是嶗山的海。同一片海，在不

同的角度，所顯現的就是另一番天地。晴天，站在嶗山的太清宮俯望，海也湛藍，天也湛藍，天水交際，不知道是海映在天上，還是天倒影在海裡。

青島海濱的樓頗有特色，多為紅色，特別是八大關的別墅群更是甚之。這些樓紅得耀眼，紅得大方，紅得濃烈。不知是大海湛藍的顏色過於濃烈，還是海濱上空的天特具了凝聚色彩的異力，這些或尖頂般瘦削、或球般圓潤的樓頂被映襯得鮮豔絢麗，把人們視覺的空間填充得無以復加。就像一個熱烈似火的少女，把自己最為美麗耀眼的一面顯現給人，讓人情不自禁地怦然心動。

而在八大關，還能路過具異國風情的玲瓏精緻的小樓。八大關共八條路，每條路都以一個關口的名字命名，都種著不同的樹。不經意間，在任何一個拐角都可能發現舊時的建築，於是古樸典雅的美麗，絲絲滲入到心底。

當然，在這裡還一定要漫步濱海道，呼吸迎面的濕潤空氣。這時，你整個身心都會開朗舒暢起來。細觀兩邊逶迤美麗的風景，海風還會吹走塵埃，蕩滌走一切煩心瑣事。走累了，則可坐在海邊，憑欄遠眺，任海風輕輕吹拂，聽海浪澎湃呢喃……

❀美麗的青島，擁有得天獨厚的濱海資源。

大連金石灘

金/色/的/東/北/小/江/南

自然和人為，都只為打造度假的神奇樂園。

地理位置

遼寧

入選理由

地質奇觀

黃金海岸

金石灘旅遊度假區，位於遼東半島黃海之濱，主要由東、西部半島和兩個半島之間的開闊腹地和海水浴場組成。

金石灘的金色確實非同一般，它金色的石頭比金子還要貴重，在中國獨一無二，世界亦極其罕見。其中，粉紅色的礁石被稱為玫瑰園，金黃色的石頭被譽為金石園。

玫瑰園裡粉紅色的礁石是7億年前，由無數的藻類植物化石堆積而成。金石園被譽為「北方石林」，它濃縮了史前9億年前至3億年前的地球進化歷史。在它朝海一面，各種各樣的沉積岩石、古生物化石、海蝕崖、海蝕洞、海蝕柱、石林等海蝕地貌隨處可見。其中，龜裂石是聞名中外的金石極品，被稱為「天下第一奇石」。它周身像烏龜的甲殼，上面布滿了巴掌大的方格，每個方格裡面是紅色的，邊線呈綠色。而金石灘地質博物館，就毗鄰金石灘。它是中國目前最大的藏石館，號稱「石都」，內藏珍品的種類有200多種，數目近千件，其中的浪花石、博山文石、崑崙彩玉等均為中國之最。

當然，除了這些自然恩賜，金石灘還有4個旅遊中心可供遊玩。這裡的綠色中心主體是金石高爾夫球場。它三面環海，一面依山，為中國罕見的海濱球場，是鑲嵌在「北方明珠」上的一顆綠寶石。在此，你可以盡情享受這項高雅的運動，瀟灑地揮起球

美麗的金石高爾夫俱樂部，擁有了你能想像到的最美的海濱之景。

杆，任球在手上高高躍起，飛出。

金石灘的藍色中心，是以國際遊艇俱樂部為主的海濱遊樂場，號稱全中國最大。這裡海域遼闊，沙灘細軟，有一個可容納50餘艘遊艇的琴意湖和神月灣。寬寬的海灘散滿了圓潤的卵石和金色沙礫，海面波平浪穩，水質清潔，無暗礁和潛流，在這裡可從事水上遊艇、帆板比賽、水上滑翔等多項水上遊樂活動。它的中心建有國際沙灘排球場，世界女子沙灘排球公開大賽就曾在這裡舉行。

❦金石灘海濱的標誌。

銀色中心位於西部半島。這裡山勢起伏，植被繁盛，冬季白雪皚皚，著名的金石狩獵俱樂部就設在這裡。在這裡，只要膽子夠大，你盡可過足射擊癮，嘗嘗野外狩獵的驚險滋味。

彩色中心位於金石路的北側，是中國東北最大的花卉生產基地和銷售集散地，世界各種品類的名花在這裡爭芳鬥豔，四季花開不敗……

❦金石灘黃金海岸的涼亭，是人們盛夏避暑的佳處。

北戴河

名/人/志/士/的/度/假/勝/地

自古以來她就以自身的美麗與神秘吸引著人們前往。千古一帝秦始皇，雄韜武略漢武帝，曠世明主唐太宗都曾在此；康有為、徐世昌、張學良等風雲人物也曾在這裡演繹風雲。

地理位置

河北

入選理由

海濱浴場
避暑勝地

青 山，山光蘊翠；一汪碧水，水色含青。這是北戴河給人的第一印象。

北戴河的西面是婀娜多姿的聯峰山。北戴河如流動的鏡子，又如耀眼的綢緞從山腳蜿蜒安靜入海，令人心曠神怡。聯峰山中奇岩怪洞密布，文物古跡亦是隨處可見，各種風格的亭台別墅掩映其中，如詩如畫。

北戴河海濱東北角是鴿子窩公園，是觀日出、看海潮的最佳境地。在它臨海懸崖上有一塊恰似雄鷹的嶙峋巨石，因曾是野鴿的棲息地而得名。與這塊巨石比肩而立的崖頂上，建有一座具民族特色的亭子鷹角亭，它更是觀賞海上日出的絕佳地點，常常可見到「浴日」的奇景：日出時，一輪紅日從天水相連處一躍而出，同時它似乎又要逃逸於海面。但就在你目不轉睛、為它揪心的時候，只見它倏地向上一躍，彷彿掙脫了它的蟬蛻，獲得新生。此時，滿山滿水俱是一片金黃。當面對如此景致，除了驚歎，你還能說些什麼呢？

在欣賞了壯觀的海上日出之後，還可以在退潮的海灘上撿拾海星、海蟹，或者乘船下海去捉魚蝦螃蟹。還或者，乘一艘小漁船出海吧。顛簸的大海上，你的心情會隨著小漁船的上下而忐忑、

在北戴河，還有一塊沿海濕地，鳥兒在這裡自由地覓食。

興奮。如果你是有心人，是不是早就在船上準備好了漁網，在興致來時隨手撒上一網，然後起網，撈出魚蝦等令人興奮異常的美味。當然，也會打撈來大海的美麗。晚上，意猶未盡地享受親手勞作而來的海鮮大餐，喝酒、吃肉、歡笑，將是怎樣的人生快意呢。

這種遠離喧鬧，自由忘情的生活，讓人永生難忘。而北戴河南面則是悠緩漫長的海岸線，質細坡緩，沙軟潮平，蜿蜒成一條長達上百里的「金龍」，把蔚藍的大海映襯得撲朔迷離。這裡有著堪稱世界一流的浴場，海浴、沙浴、日光浴應有盡有。即使不會游泳，你也不會放過套上泳圈享受一番吧！而一般人不知道的是，南岸還有秦皇宮、北戴河影視城、怪樓奇園、金山嘴、海洋公園等各具特色的遊玩佳處。

繁多的名目景致，你怎麼能不被它獨特精緻的風光迷住？

❀ 北戴河奧林匹克公園內獨特的單體雕塑。

❀ 夜幕中的北戴河，可能更適合好友、愛人靜靜訴說相守。

九寨溝

人/間/天/上

九寨溝，美到骨子裡，美得，讓人甘願把心掏出來，交給它的清溪、彩林、五花海……

地理位置

四川

入選理由

五花海

九寨秋

※樹正寨的小磨坊下，樹正群海的水汩汩不絕地往下游流去，帶動轉經筒永不停息地轉動不止。

九寨溝，是一個原始而豔麗的地方，無論誰，在什麼情景下去九寨溝，都會不期然地愛上這個夢幻般的世界。如果說其他名勝是「如畫」，那麼九寨溝就是「此景只應天上有，人間哪得幾回聞」。如果說南方的小鎮大多給人「小橋、流水、青磚黛瓦」的人間的悠然，那麼九寨溝就是擺脫人間煙火又落回到人世的脫俗。

九寨溝風景區，位於四川北部阿壩藏族羌族自治州九寨溝縣的萬山叢中，總面積6000多公頃。這裡山鸞川壑，湖潔水清，色彩斑斕。日則溝、樹正溝、則查洼溝三條主溝構成的「丫」字形溝內，藏寨錯落有致；三溝九寨一百一十八灣水中，翠海、疊瀑、彩林、雪峰、藏情……讓人迷戀，讓人心癡。

三溝之中最受人喜歡的還是日則溝。不僅因為這裡有九

寨溝最美麗的海子五花海,最寬闊的瀑布諾日郎瀑布,還因為這裡有最絢爛的「陸上海洋」。日則溝長達9公里,其中林木聳立,湖水相依。

九寨溝最美就是金秋時節。當秋日的第一縷陽光照耀在溝坡上時,日則溝甦醒過來,搖身一變,成為色彩的海洋。盛夏時那片綠色的林海,如今是那麼色彩繽紛、奇特而變幻無窮。視覺的儲存已經無法辨別那片絢爛,禁不住伸出雙手輕輕撫摸那深橙色的黃櫨、淺黃色的椴葉、絳紅色的楓葉、殷紅色的野果……而每一棵樹,每一株草,又彷彿是一位妙齡姑娘,想在寒冬到來之前,把最美的衣服再穿一遍。你會發現,眼裡的、手裡的、心裡的九寨溝,每一天、每一刻、每一地,色彩都在變幻!

九寨溝原本因散佈在溝野中的九個藏寨而得名,如今這些寨早已在喧囂的行者中,褪去了遠古的顏色,但曾堆砌的一個個的瑪尼堆,卻在訴說著古老民族的傳奇故事。一條條潔白的哈達,一曲曲渾厚的宗教鼓樂,當你和藏寨羌村中人一起跳莊鍋、喝咂酒、品嚐烤全羊和酥油茶的時候,你所感受到的,不僅是他們的熱情奔放,還有遠離都市的恬靜與野性……

如果說林、寨是九寨溝的衣,那麼水便是九寨溝的魂。九寨溝有

❀秋葉絢爛,潭水澄明。

114處翠海、47處泉、17掛瀑布、數十條峽谷河流。隨著日漸向中，一湖之中，湛藍、純白、鵝黃、黛綠、赤褐、絳紅、翠碧……各種顏色相互浸染，像仙女抖開神奇的五色錦緞。視角不同，色彩亦變，一步一態，變幻無窮。有的微波細浪，在秋陽映射下，遠觀猶如一片火的海洋，走近卻是璀璨成花；有的靜如銀盤，朦朧中卻又彷彿蛟龍流動，原來是古樹環繞、簇擁奇花給她鑲上的美麗花邊。待微風輕過，漣漪如歲月的皺紋，漾出如花的流逝。

五花海是九寨溝最有名的海子之一，曾一度被稱為「九寨一絕」。它海拔2472公尺，深5公尺，是欣賞九寨溝之秋最佳的地點。秋陽西下，沿著幽林棧道，繞過五花海的西側，登上棧橋，一幅奇妙而令人驚絕的巨幅油畫展現在面前。清泠的湖水一分兩半，一半為翠綠，一半卻是湖綠，正是「一海秋水兩分色，亦是淡然亦濃情」。還有那湖底的燦爛，不能不讓人驚歎於時間的強大，歲月的沉澱。

縱如此，九寨溝依然是一個風韻古樸的人間天上。那飄動的經幡，古老的水磨房，遲緩的犛牛，彷彿都融化在絢爛山巔、靈秀翠水之中……

諾日朗瀑布。藏語中「諾日朗」意指男神，也有「偉岸高大」的意思。瀑布頂部平整如台，落差20公尺，寬達300公尺，雄偉壯觀，名副其實。

然烏湖 *Ranwu Hu*

靜/安/之/所/在

　　然烏湖裡的水牛與岸上的黃牛角力而死，化為夾著然烏湖的山。這個傳說有著生命裡最激昂的樂章。然而處於喜馬拉雅山、念青唐古喇山與橫斷山對撞處的然烏湖，卻有著靜好的顏色。

　　然烏湖的湖水是一汪能讓人投心其中的藍，湖邊是綠色的草甸與莊稼。它周圍是山，山腰都是蒼莽的森林，往上是開得燦爛的杜鵑花與茂密生長的灌木，而山頂則有著長年不化的冰雪。這些，都悄然地、安靜地，展現出然烏湖的美來。

　　樹木歷春夏而黃綠，花草隨四時而開謝，延伸至湖邊的拉古冰川隨冷熱而凍融，然烏湖的水隨著季節變換不同的藍色，一切，都從自然的律動中展現出一種靜美來。

　　是的，然烏湖的顏色是最為純粹的。就像沿帕隆藏布江一路西行、距離然烏鎮10公里處的瓦村裡，那些全由木材建造的藏人民居，經過許多年光陰的沉澱，在晨昏的陽光中，體現出來的靜美與安好一樣，純粹得讓人無法拒絕。

伊犁

陽/光/燦/爛/的/塞/上/江/南

陽光下閃耀的河水，絕塞上盛開的鮮花……

新疆，是無數文學家筆下令人神往的美麗土地，不去伊犁，就不會知道新疆到底壯美在哪裡，瑰麗在何處。

伊黎河是新疆最大的河流，也是中國唯一自東向西流去的大河。伊犁就得名於伊黎河，意思是「光明顯達」。古人用這個顯赫的詞語，來描繪伊黎河水在太陽照耀下碧波粼粼的美景。

果子溝是伊犁的天然門戶，又是被譽為「伊犁第一景」的名勝山川。28公里的山溝，曾經是絲綢之路北道的一部分。溝裡山峰險峻，草原秀美，果木茂盛。夏季的果子溝鮮花盛開，爛漫無邊。林則徐被流放伊犁，路過果子溝就正是夏季，他讚歎自己「如入萬花之

✿伊犁美麗的那拉提草原。蔥蘢的樹木，層次錯落的草甸，靜靜的氈帳，使人彷彿能聆聽到天使的歌唱。

海」。而秋天，溝裡野果飄香，空氣中都浸潤著甜香。

聞名遐邇的賽里木湖就在果子溝北，蒙語稱「賽里木」為「賽里木卓爾」，意思是「山脊梁上的湖」。塞外之美往往在黃昏最為淒美惑人。當此時，湖水變為灰褐色，太陽剛剛下山，天邊還泛著一抹金黃，落日餘暉中的冰川山影，美得不可言說。而後，一線紫紅色映照山頂，將山與天空分割開，輝煌與荒涼並存其中。

※草原上的人民，靜靜地過著與世無爭的生活。

塞上江南為伊犁，伊犁最秀是恰西。鞏留東南部山區中，有一條寬敞清秀的山谷，就是恰西。山谷東西兩側山勢低矮和緩，東側是一片平坦，綠草茵茵如畫，西邊則是一片整齊排列的蒼松翠柏。正南的商山像一道屏障，險峻奇絕，紅色山岩上隱約露出冰山崢嶸。

恰西曾是蒙古公主的芳名。公主對這片牧場一見鍾情，迷戀不已，日夜想在這裡結廬隱居。於是，寵愛女兒的父親就把這片山谷和牧帳一起賜給公主，並用愛女的名字為其命名。

沒有傳說的風景似乎少了韻味，而沒有泉眼的山谷就會少了靈氣。恰西景區有一眼奇特的吉爾尕朗神泉，位於吉爾尕朗谷地不遠處。泉眼碗口粗細，夏冬水量不變，水質清澈如水晶。據稱這股甘甜的泉水能消腫退熱，強身健體，甚至還有美容和養胎的神奇功效。

伊犁的美景像粒粒珍珠灑落西北大地，需要邊走邊尋覓。看過綿延千里的如畫風光，任誰都會像那位蒙古公主一樣，癡癡被其中美景所迷，心甘情願留在這裡……

🏔 地理位置
新疆
🖐 入選理由
塞外江南

世界風華館 系列
中國最美的96個度假天堂
優遊38處休閒美境——好一派田園秋聲

阿勒泰白哈巴

中/國/西/北/第/一/村

這裡不是詩意的國度，卻勝似人間的天堂；這裡生活著最平常的村民，卻享有著世界上最華麗的天地賜予。

🏔 **地理位置**
新疆

🖐 **入選理由**
西北最美麗的鄉村

🌿古樸的村落，在最華麗的色彩樂章中晨曦奏唱。

亞洲最宏偉的山系之一阿爾泰山，跨越了中國、哈薩克斯坦、蒙古、俄羅斯。

在中國新疆西北的阿爾泰山南麓之下，額爾濟斯河上游哈巴河之畔，坐落著一處國家森林公園——白哈巴。

白哈巴裡有著許多小村落，是中國九大世外桃源之一。而其中的西北第一村白哈巴村，圖瓦人世代居住在這裡，保持著最質樸、最原始的生活。他們的語言是突厥語，衣著卻似蒙古人，而生活習慣有點像哈薩克。他們以放牧為生，守護著這片美麗的土地，美麗的家園。他們住在圓木搭建的尖頂小屋裡，這些屋子錯落有致地遍布在溝谷谷底，掩映在金黃色的樺樹與綠色的楊樹之間。水流潺潺的兩條小河環繞著村子流淌而過。

白哈巴西北遙對中國與哈薩克斯坦的國界河，南是高山森林，雪峰遠遠地守護著。所有的顏色都匯聚在這裡，一年四季不停變幻，它們濃烈、燦爛、大筆地塗抹著，宣示著自然的美麗，彷彿有史以來最偉大的畫家，用最魔幻的筆，畫出的一幅舉世無雙的油畫。

在這裡，在這片中國北疆的土地上，朝陽升起來的時候，村舍與雪山、森林一同沐浴在陽光裡，炊煙升起，羊肉香味、奶香味、松枝燒著後散發出的特有香味都升起來，瀰漫開來；牛、羊、馬開始在牧場裡遊動……那麼，請放開胸懷吧，去看一朵正盛開的花，看一片飄過來的雲彩，看天上飛過的鷹與河裡游過的魚。而夕陽西下，白哈巴的美麗暫時收起，一切都進入短暫而寧靜的黑夜裡，以待太陽明天再次升起。

❀白哈巴的牧民轉場。牧民們帶著牛羊離開原來的草場，只為了來年這裡的水草更加豐盈。

在這裡，當天晴時，天空是洗過一般的碧色，深邃並廣大。在無邊無際的碧色之下，金色、綠色、白色、紅色，層層鋪開來，每一種顏色都鮮明地在大地上展示它的美好，卻又和諧地融合在一起，畫出一幅奇麗的圖畫。而當雲朵堆聚，雲蒸霞蔚時，所有的峰巒都被遮去了真實面目，時隱時現，縹緲得彷彿傳說中的仙山躲藏在自古無人可到的大海。

在這裡，薩爾哈木爾雪峰總會被陽光鋪上一層令人心神激盪的金色，大片的白樺林與納仁夏牧場的草在秋天來臨時，都變成金黃，就連奔馳在其中的駿馬，飛在天空的雄鷹，也被陽光披上一層神聖的光芒。請在這個時候來白哈巴吧，它會滿足你所有的夢！

香格里拉

心/中/的/日/月，夢/想/的/天/堂

太陽最早照耀的地方，是東方的建塘。人間最殊勝的地方，是奶子河畔的香格里拉。

在 1933年，英國一位名不見經傳的小說家詹姆斯·希爾頓寫了《消失的地平線》（Lost Horizon）。在這部小說裡，詹姆斯向西方描繪了中國藏區崇山峻嶺裡的一個夢想中的淨地──香格里拉。這裡雪山峽谷、湖泊草原，居住著不同民族的人。他們信仰不同的宗教，但都遵從「適度」的美德，因而獲得了安寧祥和。這裡是神秘的所在，人們不但長壽，並且年輕……

小說出版後，立時引起世人關注，在1936年拍成電影後，更是轟動世界，人們紛紛猜測香格里拉到底在哪裡。香格里拉，這個魔幻的天堂「給全世界帶來了心靈的慰藉，那些飽受第一次世界大戰摧殘的國家，還沒有徹底恢復過來，又面臨第二次世界大戰，歐洲人從這部小說和改編的電影中學會了適度原則的可行性，正在遭受經濟崩潰的美國人則從中看到了希望和幸福。同時，西班牙內戰已經明顯表示了納

粹主義的野心,當時的世界處在邪惡威脅中,人們沒有理由
不神往香格里拉。」香格里拉,自此成為夢想的天堂,心靈
的寄託,人們不停地尋找它。

　　而現實中,香格里拉的確是存在的,這便是青藏高原東
南,橫斷山脈南段北端,三江併流中心腹地的迪慶香格里
拉。香格里拉是英文SHANGRI-LA的音譯,這個詞成為了英
語的「世外桃源」。而這個詞的來源是迪慶中甸的藏語「香
巴拉」,直譯為「心中的日月」,意為藏民心目中最殊勝的
地方與最超勝的境界。

　　在這裡,香格里拉(香巴拉)有著別樣的神妙傳說。藏經的
記載裡,香巴拉王國被雙層
雪山隱藏在青藏高原的深
處,地形如八瓣蓮花,中
間聳立著雪山,上有神秘
的卡拉巴王宮。這裡住著
最有智慧的聖人,他們擁
有神秘的力量,從「地之
肚臍」的隱秘通道與外界
溝通。

　　迪慶香格里拉,雪山
聳立,峽谷深幽,江水澄
澈,湖泊靜然,芳草如

❀香格里拉滿目青翠的
納帕草原。

❀雨霧中的香格里拉山
谷。

✦秋日美麗的五彩大草原。

碧，是人神共居的所在。天女因梳妝時不小心失落了鏡子，碎片落在這片高原上，變成了無數湖泊，每一個都澄靜如鏡；東巴教的創世之神美利東和美利色，給信奉祂們的納西子孫留下了祂們示範造田耕種的聖地——乳白色流淌著的白水台，這水是天上的釀奶仙子從豐碩的乳房中流出的生命之水。丁巴什羅與阿明什羅兩位聖者因白水台的啟發，創造了神秘的東巴文字。

✦香格里拉東竹林寺的僧人。傳承與現代，在這個年代，也可以很質樸地融合。

不同的神明們在香格里拉留下了神跡，而後默默地注視著這片土地，並守護居住在這裡的人。

瀾滄江與金沙江由南向北自香格里拉流過貫穿了滇藏。延伸到南亞與西亞的千年茶馬古道從香格里拉橫穿而過。曾經，趕馬人趕著馬隊在蜿蜒崎嶇的路上行走，崇山峻嶺間時隱時現的道路上，能聽見他們悠長的吆喝聲，悠揚的鈴聲。他們會在香格里拉歇腳，在洗去一切疲憊後，再次上路。大概，這條承載了千百年滄桑與傳說的茶馬古道，才是傳說中進出香格里拉的「地之肚臍」，是不同文化互相交流融會的神秘通道，是生命生生不息、互相接觸的證明。

香格里拉，是人間最殊勝的淨土。藏族、納西族、漢族、回族、白族、彝族、傈僳族、普米族等26個民族居住在這裡。他們互相依存，日出而作，日落而息；他們寬和、知足、安然；他們有著最質

樸的親情、友情與愛情，有著生命最初的堅韌與美麗。

香格里拉，是心中的日月。不同的神靈共同給這裡設下了奇妙的結界，使得時間的恒流在這裡也放緩了腳步，所有的一切都進入了如嬰孩在母親肚子裡時做的，最寧靜與最安穩的夢。

在這個美妙的夢裡，月亮在香格里拉的天上悄然移動，光華照遍這片諸神庇佑之地。雪山是素潔的白，千百年來不曾變化。湖泊是智者睜開的眼，閃耀著沉靜而清澈的光。風從山谷裡輕輕吹來，撫慰著一切生靈。河水潺潺的聲音在午夜裡傳開，是夜色唯一的伴唱。牛羊沉睡在田野裡。人在屋子裡安憩。火塘裡微弱的火光，照亮被歲月磨得光亮的傢俱，照亮牆壁上神明千百年來默默注視的眼。

終於，當晨曦降臨香格里拉，有人唱出夢幻的歌曲：「在每一天太陽升起來的地方，銀色的神鷹來到古老的村莊，雪域之外的人們來自四面八方⋯⋯」

每個人都需要一片心中的淨土，那是可望而不可即的神聖殿堂，來棲息生命的彷徨與浩大。因為這彷徨與浩大充滿了歡喜與憂傷，需要一片淨土來棲放。而香格里拉，正是人們心中的日月，是人間最殊勝的淨土，是人神同居的所在，是人們魂思夢想的天堂。

香格里拉的民居建築是藏式雕房與納西井幹式木板屋結合的產物。

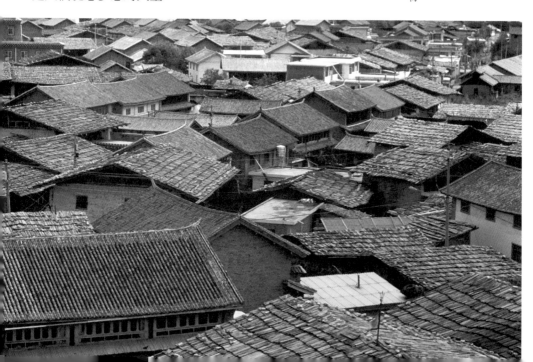

三清山

江/南/第/一/仙/峰

雲煙深處，沒有半點塵埃，然而那些曲折的棧道將紅塵與洞天連接起來，讓人一睹天外的風姿。

江西省玉山、德興兩縣交界處的三清山，南北狹長，因山有玉京、玉華、玉虛三峰列坐，象徵道教的玉清、上清、太清，因而得名「三清山」。由於地處造山運動頻繁劇烈的地帶，形成了它別具一格的奇峰怪石、靈泉飛瀑、幽谷溶洞，有東險、西奇、北秀、南絕之稱。

三清山自古有「高凌雲漢，江南第一仙峰；清絕塵囂，天下無雙福地」之美譽，是歷代道家人修煉的場所。而三清山的興衰沉浮，也始終與道教的興衰有密切的關係。

走進三清山，面對變幻莫測的自然景觀與玄妙機深的人文景觀，誰都會驚歎連連。

❊難得的厚厚積雪使三清山顯得更加聖潔。

在花崗岩地貌的岩石山峰上，婀娜多姿的黃山松挺立千年。石縫裡的生命從何而來？

傳說由靈芝姑娘化作的山峰，默默地守護著自己的家鄉……

在海拔近2000公尺的深山幽谷間，為何有永不枯竭的瀑布、清池、泉水？傳說是有九龍紅鯉魚的護佑，那來自天上的神水才可源源不斷地從三清山上潺潺而下……

1700年前，三清福地無路、無食、無房、無水，荒野裡葛洪的精神原氣來自何方？

團團迷霧，吹拂環繞，心也不知不覺地超脫塵世，悠悠然

走進生命和宇宙奧秘的深處。

於天晴之日凌晨五時開始三清山之旅最為合適。那時宜推窗，曙色微紅，霧氣漸散，山林一片清新，完全是清絕、秀絕的境界。彼時再往西海岸進發，可於陽光鋪滿峽谷之際，一覽山色精神。

三清宮是西海岸的終點，從登山處步雲橋直至天門三清福地，延綿幾千年興建而起的宮觀、亭閣、石刻、石雕、山門、橋梁等共有200餘處，按道家八卦布局，香光繚繞，氣勢非凡。

道家哲理如老子、莊子的思想，因深奧玄妙，普通百姓知之不多。然而在三清山，無論是群峰環峙中突兀伸出的一個平台，還是在你腳邊、山巒間飄來遊去的變幻萬千的迷霧，亦或隱藏在雲霧背後的神女峰、巨蟒峰、觀音聽曲等絕景，甚至於形如倒掛琵琶、精巧地鑲嵌在岩縫絕壁上的黃山松，已將道之玄妙化作條條絲帶，輕撫著層層翠葉貫入了你的心中。

✿三清山嶺頭山村一片翠綠的竹林中的可愛樹蛙。

✿黃山迎客松生長在三清山的懸崖峭壁間，不知道它們是在哪裡吸取了足夠的養料，能長得那樣別具清神。

壩上

風/吹/草/低/見/牛/羊

壩上，它是秋季的寵兒。在天、時、分、秒的光影變幻中，它會呈現出你完全預想不到的美麗。

地理位置
河北

入選理由
豐滿的草甸
避暑的天堂

這個在北京正北、位於河北省豐寧滿族自治縣的天然草原，蒙古語稱之為「海留圖」，意思是水草豐茂的地方。在這裡，你可以體會到什麼是「天蒼蒼，野茫茫，風吹草低見牛羊」，因為，這裡的青草高及肩膀，當風吹過來，草彎腰時，會看見成群的白羊或駿馬如雲團一樣漫步其中。

天空之下，草原之上，大片的白樺林矗立著，枝葉不屈不撓地指向天空，陽光給予它們力量。閃電河蜿蜒環繞而來，玉帶一般流過，滋潤著一切。清澈的窪水邊，時不時有野獸來飲水。鳥兒如離弦的箭一般自草尖上掠過，或自草叢飛上藍天，牠們與壩上的風一樣自由。

放牧人趕著他的羊群、馬群，牧狗們歡快地前後追隨，項下的鈴鐺不住作響。放牧人甩著長鞭，唱起歌謠。那鞭聲如此清脆，一聲響起，彷彿天空也跟著在迴響。那歌聲又是如此粗獷而有力，唱得蔚藍的天空上，白雲奔走，彷彿雲朵是天空的羊群，放牧人放牧地上羊群的同時，也在放牧著白雲。

走過這如茵的芳草，巨大的草氈，只需四步。一步隨仲春走過它的綠色。壩上茂密的綠草是心愛的女郎濃郁的情絲，燦爛的野花從壩緣向裡，如繁星點點，裝點成草原的嫵媚。

❀ 遠遠的山丘彷彿是虛化了的背景，而屋宇和濃郁的鮮花卻呼之欲出了。

一步隨晚秋走過它的金黃。草原上滿眼是金黃的草，金黃的樹，金黃的壩上之秋。

一步走過它的白天。壩上草原天高雲淡，芳草綿綿，羊群如雲，馬馳鷹飛，生機勃勃，遠處山峰青翠，森林蔥郁。天是深邃的藍，彷彿可以將人收攝進去一般。

最後一步走過它的黑夜。夕陽緩緩墜下，蒙古包裡，炊煙依依升起，而草原之上，篝火雄雄燃著。月亮懸掛在天上，夜風從千百年前一直吹到現在。有人在篝火邊訴說著，有人在篝火邊跳起輕快的舞蹈，有人在篝火邊唱著歌，最後，所有的人都在馬奶酒裡醉倒。

在壩上過一夜吧，燃起篝火，看明月晶瑩如水，聽夜風如唱。和草原一起睡去，再和整個草原所有的生命一起醒來。看見夜色褪去，嫣紅色的朝陽升起，綠色轉眼遍布眼底，看見所有的一切在清晨草尖的露珠上醒來。

❀ 這彷彿是一幅描摹得浸入心靈的油畫，而且更充滿生機。

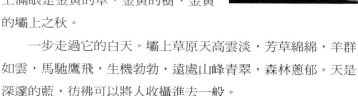

上海外灘

繁/華/落/盡/見/真/淳

不錯，上海外灘總是以它濃烈的一面，展示著自己的熱情與美麗。然而，誰又能全知那些燈光聲影後的艱辛與無奈？

🏛 地理位置
上海

✋ 入選理由
各式中外建築
東方明珠塔

❀華燈如婉轉的音符，
靜靜流淌在浦江之濱。

上海外灘給人的印象，就如一位置身於金迷紙醉中的粉紅女郎，站在五彩繽紛的霓虹燈下，時刻向人們展示她的妖嬈。風格獨特的建築、璀璨絢麗的燈光、人流湧動的街道、奔騰不息的黃浦江，總能讓人欲罷不能，流連忘返。

外灘又名中山東一路，以前指從北京東路外白渡橋至金陵東路黃浦江西岸的道路，全長1300公尺。現在向北延伸至黃浦路，稱為北外灘；向南延伸至南浦大橋，稱為南外灘，全長4000公尺。百餘年來，它一直作為上海的象徵出現。

外灘的西側是當年盡顯「遠東華爾街」風采、今天被稱為「萬國建築博覽」的建築群。這裡鱗次櫛比地矗立著52幢各種風格的大廈，哥德式、巴洛克式、羅馬式、古典主義式、文藝

復興式、中西合璧式，應有盡有。

如果說外灘是上海華麗的象徵，那麼外灘的燈就是華麗中的夢幻。白天，外灘是繁華熱鬧的；晚上，則是燈光璀璨。每當夜幕降臨，棟棟巍峨大廈就沉浸在泛光燈的海洋裡，一座座晶瑩剔透如水晶宮殿。臨江遠眺，整個外灘建築群的氣勢，就如一部不同凡響、恢弘壯闊的交響樂。走在其中，就如進入了夢幻世界，流動的人群、優雅的女孩、喃喃細語的情侶，恍若隔世。也許這才是上海最具吸引魔力的一面，華麗而又溫存。

❖外灘陸家嘴的金茂大廈和環球金融中心。

在外灘，不能不去逛那些美麗的街道。濱江大道平台是一個集觀光、綠化、交通、防汛和服務設施為一體的沿江景觀工程。其中的東方明珠段，是整個浦江東岸風景中最精彩的樂章。在這坡地綠化帶中，林木枝繁葉茂，草坪鮮翠欲滴，萬花爭奇鬥豔。當浦江潮起時，便可踩水去親近浦江，感受回歸自然的樂趣。在親水平台憑欄臨江，面對蕩漾的浦江水，背靠東方明珠，眺望外灘古老的建築群，一種時光交錯的感覺頓上心頭，讓人不禁感歎。

而說到黃浦江，它以自己近百年來對上海乃至中國的影響，承載了太多的歷史文化內涵。可以說，黃浦江不僅是上海的母親河，還是上海的縮影與象徵。而在夜晚燈光的流光溢彩中，沿江兩岸的建築和它本身，都披上了曖昧的光影，它便宛若電影中老上海灘的女郎，能讓你妄想過去與未來。

德天瀑布

桃/源/境/中/看/飛/流

那清越奔湧的激流，是從天上來嗎？不然，為什麼它絕少凡俗的味道？但它明明
又在凡塵，因為它可以就在你追尋的腳步的盡頭……

地理位置
廣西

入選理由
最讓人凝神的
綠意

到了中越邊境處廣西省大新縣碩龍鄉的德天村，便如進入了晉朝大詩人陶淵明筆下的桃花源。這裡山峰爭翠，雲霞氤氳，湖平如鏡，江水如帶，翠竹古木掩映，花草爭相鬥豔，而民居就點布其間。河上，竹筏悠然行過，小橋如虹一般臥著，邊上的水車不停地汲起水來。夕陽西下，農夫荷鋤歸來，呼喚著還在小河裡戲水的孩子，生活是如此安然而質樸。

而到了這裡，如果不去德天瀑布一看，那幾乎不算是真正到過德天的。德天瀑布發源自廣西靖縣的歸春河，橫跨了中越，與越南板約瀑布連為一體，離中越邊境53號界碑只有50公尺左右，是亞洲第一、世界第二大的跨國瀑布。

廣西靖縣的歸春河是左河的支流，從廣西流出去，流入越南，成為了中越的國界河，而後它又流回中國來。當它流到高崖三疊、巍然聳立的浦湯島時，從50多公尺高的山岩上一瀉而下，飛珠濺玉般打在岩石上，一連三級地跌宕而落，彷彿一匹素白的絹布自天垂下。水聲震盪，如平地起風雷，

奔湧的瀑布如白練飛懸；碧清的潭水滌蕩人心；金黃的稻田，又讓人感到有無限的溫暖和希望……

從河谷裡遠遠傳出去，使人心胸曠然。

春天時瀑布兩邊的山崖上樹木蔥蘢，木棉花開出紅色的花朵，映得德天瀑布如錦繡妝成；夏天充沛的雨水，使河川暴漲，水流急湍，更使德天瀑布激盪著瀉下，有「噴雪萬峰巔，風吹直下天」的氣勢。站在山崖上俯視瀑布，天風浩然，衣袂翻飛，怎麼能不起乘風歸去的快感？

瀑布的下面是一個深潭，清澈的水面不時有魚躍出，小舟在上面優遊來去。中越兩邊的人民，就在瀑布下來往，進行交易。瀑布四周綿延起伏的山上，開墾著一層又一層的梯田，上面長滿了莊稼，可以看到農人在其間辛勤耕作，時不時聽到他們唱出自在的山歌。

❋步步是景，處處有情的德天瀑布，即使不是雨季，也風情萬種。

這裡的人融入了山水自然，隔絕了一切煩囂。到了這裡，就能與清幽絕俗的山水相依，得到心靈的寧靜。它不會讓你有「逝者如斯，不舍晝夜」的生命憂傷，而是給你「何必絲與竹，山水有清音」的對大自然的美好讚歎。

長白山

關/東/第/一/山

這裡不止有水，不止有山，不止有溫泉、瀑布、霧淞和七彩的秋天。這裡，還有美麗的傳說，還有遊人沉醉忘返的惦念……

🏔 地理位置
吉林

👑 入選理由
天池水 霧淞
最絢爛的秋天

吉林省東南部，中朝兩國邊境上，長白山如巨龍一般盤臥。

對這座休眠的火山，清代詩人沈承瑞有《長白山詩》：「龍形蟠大野，雲氣撼滄溟。水瀉雙流白，天開萬古青。」長白山被稱為關東第一山，被世代居住在這裡的人目為聖山。而長白山與黑龍江並稱白山黑水，千古來就代指遼東。

「黃金臺上花都落，長白山頭雪未消」，長白山的得名緣自主峰上的白色浮石與千年不化的積雪。在語言文字傳承的歷史裡，長白山一直閃耀著光芒。記載六合八荒山川的著作《山海經》裡，長白山是神人居住的不鹹山，大禹治水的時候曾經

過此地。而在史書裡，長白山以「太皇山」、「縱白山」等名字出現。曾經居住在這裡的慎慎、扶餘、鮮卑、高麗、契丹、蒙古族，都對長白山景仰膜拜。天女不孕而生英雄的故事在此發源，流傳不止。長白山因此蒙上了一層神秘且神聖的面紗，歷代文人為此寫下了無數優美的詩歌與散文。

當冬天來臨，銀裝素裹中，那些遍布在長白山的溫泉群就會伴著金、藍、紅、綠的沙礫，散發出騰騰的霧氣，使人彷彿進入夢境。

大峽谷裡，兩岸樹木參天。而峽谷中的冰緣岩柱，經過自然雕琢後形成溶岩石林，造型奇詭異常，千姿百態。

天池如一塊明鏡鑲嵌在長白山巔，是松花江、圖們江與鴨綠江的源頭。傳說王母娘娘有兩個美麗的女兒，沒有辦法分辨出誰更美麗。在蟠桃會上，太白金星給出一面寶鏡，結果寶鏡說妹妹更美，姊姊一氣之下將寶鏡扔下了瑤

❀長白山民俗村斑斕的白樺林和嫋嫋炊煙，讓人不禁羨慕其中人的世外生活。

❀一汪碧藍的天池水，讓人心馳神往。

池，落到長白山化成了天池。相比這個廣為流傳的東方版魔鏡傳說外，還有一個更動人的傳說。相傳古時長白山一帶有黑龍作惡，用火刀斷絕了河水源頭，使得到處無水可用，民不聊生。長白山附近一個公主許下諾言，誰能趕走黑龍，為民除惡，便以身相許。這時，一個姓白的年輕人站出來，率眾與黑龍相鬥。在公主的幫助下，他在長白山頂挖掘著水源，正在即將挖到的時候，火刀卻從地下冒出來，刺入他的胸膛。公主抱著死去的年輕人放聲大哭，淚水將火刀變成了寒如秋水的寶刀，她將寶刀拔起，泉水立即從地下湧出，將她和白姓年輕人送到岸上。黑龍聞訊趕來，公主用寶刀砍斷了黑龍的尾巴，趕走了黑龍。而從此，長白山上多出了一池碧水。

在變化多端的氣候中，天池有時狂風吹皺，走沙飛石；有時又一碧如藍，清澈透明。池水從北端流出，是為乘槎河，在盡頭處飛流直下，形成著名的長白瀑布，「銀河落下千堆雪，瀑布飛流萬縷煙」。瀑布落入潭中，激起滔天水浪，響聲直傳出幾十里外。

長白瀑布口有一塊牛郎渡巨石。在久遠以前的傳說裡，牛郎與織女隔著銀河相望。博望侯張騫曾經乘槎探索河源，最終到達銀河，遇見織女。而長白山的乘槎河與牛郎渡又到底有著什麼樣的淵源呢？牛郎與織女是否在這裡遙遙相望？

「長白山雄天北極，白衣仙人常出沒。玉龍垂爪落蒼崖，四江飛下天紳白。」長白山的奇峰幽谷，麗水古木，奇花珍獸，和那些優美動人的傳說一起鑄成了這裡無邊的美。千年積雪萬年松，直上人間第一峰。到過這裡的人，又怎麼能不為之傾倒迷醉？

到長白山看罕見的霧淞，你能體驗到的絕對不是寒冷，更有無邊的冬日純淨與風雪嫵媚。

額爾古納河

蒙/古/的/搖/籃

它就是一個奇跡，把一切美好孕育；而河邊的一切，又簇擁成了它的美好妖嬈。如果有可能，誰不願做一條這樣的河？

內蒙古大興安嶺西側發源的海拉爾河流至阿該巴圖山腳時，折向北流，這之後的970公里水程，被稱為額爾古納河。它有1800多條支流，最終與石勒喀河匯合，成為黑龍江。

起初，拓跋鮮卑居住在額爾古納河畔。後來，蒙兀室韋部落在此繁衍。再後來，蒙古族在此發祥，一代天驕成吉思汗在這裡秣馬厲兵，開始了他一統草原的金戈鐵馬生涯。而1689年中俄簽訂《中俄尼布楚議界條約》後，額爾古納河成為了中俄的國界河，它的右岸屬中國，左岸屬俄國。

額爾古納流淌了成千上萬年，曾經發生的故事如今都成為秘密。現在，這一條有著眾多沙洲與島嶼的河，河水清藍，水下鋪滿了青黛色的小石，蘆葦盤結在水上，水鳥在河面上嬉戲，魚兒在水下繁衍生息。

地理位置
內蒙古

入選理由
俄羅斯風情
室韋小鎮

秋日裡，白樺林即將變得五彩絢麗，而清澈的河水，把這一切美好映照。

河邊的額爾古納是一座承載著歷史的城。額爾古納市隔著額爾古納河，與俄國赤塔州遙遙相望。蒙兀室韋俄羅斯民族鄉在額爾古納市的西北部，這個中國邊陲小鎮，給人難以言說的美，是中國十大名鎮之一。

相傳，在成吉思汗之前的兩千年，蒙兀室韋族遭受了滅族的災難，只逃出來一男一女。他們逃到了這裡，生息繁衍，遊牧漁獵，成為成吉思汗部族的祖先。這裡有著十餘處小城遺址，是蒙古族尋根、朝拜的聖地。

如今，室韋鄉是中國唯一的俄羅斯民族鄉，住著俄羅斯族與華俄後裔，他們黃頭髮、藍眼晴、高鼻梁。住的是不用釘子的原木搭建、樹皮鋪頂的「木刻楞」房子，用白樺木圈成院子。無論是語言、飲食、服飾、婚慶，都保留著傳統的俄羅斯文化習俗，有著濃郁的異國風情。站在這邊，隔著額爾古納河，能清楚地看見俄羅斯的村莊房舍。

「額爾古納」是蒙古語，意為「捧呈」、「遞獻」，後來成為「奉獻」之意。

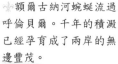
額爾古納河蜿蜒流過呼倫貝爾。千年的積澱已經孕育成了兩岸的無邊豐茂。

而額爾古納河，是生活在這裡的人的搖籃與母親。這是一條彎彎曲曲的河，有著最為優美宛轉的曲線與最深的柔情。它修長、秀麗、安靜地流淌，不舍晝夜，從東向西，橫穿呼倫貝爾草原。河的兩岸，森林茂密，草海遼闊得彷彿無有邊際，被風吹得如波浪起伏。

白雪覆蓋了河岸的草原，而經冬之草的豔麗在陽光中更加動人。

河水滋潤著黑色的土地，呼倫貝爾草原上，花朵如星辰般散落著，開放著，有著最迷人的香氣；牛羊成群，駿馬奔騰，雄鷹在天上盤旋；蒙古包裡，奶香濃郁，馬頭琴拉出悠揚的調子，是一千個傳說與一萬種豪情。

巴義爾在《蒙古搖藍：額爾古納》裡這樣說道：「我們膜拜河流，我們敬畏河流，因為她是一種象徵，一部史詩，她匯聚了人類發展中點點滴滴的文明，包括輝煌與苦難。我們向文明致敬，實際上也是向那些偉大的河流致敬，是河流給了我們智慧，是河流給了我們語言與文化，同樣也是河流給了我們千差萬別的信仰與生活方式……」

是的，一條河流就是一位母親，是生活在其中的人的皈依，是生命最終將返回的地方。額爾古納河就是每一個生活在河邊上的人的母親河，是他們永遠的皈依與依戀。

或許，作為一位旅者來到額爾古納河，並沒有這種深沉博大的感思。然而，來到這裡，看見陽光照在窗上與木柵欄上，看見遠山含翠，草原開闊，白雲游弋，看見藍色的額爾古納河宛轉地靜靜流過，看見大自然的美麗與神聖，接受它的恩賜，大概也就足夠了。

海螺溝

冰/川/上/的/陽/光/與/月/光

冰清玉潔的山谷、舉世無雙的大冰瀑、生態完整的原始森林、地形高下的植被落差……一切成就了海螺溝，成就了它無邊的美麗。

這裡有廣茂的原始森林，讓人有蒼山如翠，林木如潮之感；這裡有溫度極高的溫泉，讓人心身俱暖；也有冰涼入骨的冷泉，讓人心靈清澈；這裡有被人視為神物的海螺靈石，無數人來膜拜與許願；這裡溪水叮咚，花草爭豔，鳥獸優遊；這裡「一溝有四季，十里不同天」。這，就是海螺溝。然而，最終成就海螺溝的，是冰川。

位於四川瀘定縣磨西內的海螺溝，在神山貢嘎雪山的東坡。貢嘎雪山孕育的71條冰川中，海螺溝冰川是最長的。海螺溝的名稱有一個傳說。後藏香巴噶居派大成就者唐傑東布法王，一生修建了無數的寺廟、佛塔、瑪尼堆。他用寶物海螺幫助建築瀘定橋後，經海螺溝翻過雪山支西坡來修建寺廟，在海螺溝冰川的一塊巨石石穴裡休息。他經常在石洞前唸頌佛經，向貢嘎神山朝拜，吹響海螺，鳥獸都前來圍著石穴聽經。而在法王離開後，鳥獸依然在吹螺的時間聚集在這裡。後來，唐東傑布法王托夢給他的弟子說，他住過的巨石已被貢嘎山神冊封為海螺靈石，而那條深谷則封為海螺溝。

冰川從海螺溝的山谷傾瀉而下，裝點出一片晶瑩剔透的世

✿七彩的海螺溝，美麗多姿。

🌸 海螺溝美麗的高原草甸。

界：冰洞、冰橋、冰井、冰柱、冰門、冰川城門洞……使人恍如置身在瓊樓玉宇的神仙世界。由粒雪盆形成的巨大冰瀑，長年崩瀉，氣勢震天，當真是「玉龍飛起三百萬，攪得周天寒徹」。

當陽光照射在一直從雪山頂鋪下來的冰川上時，整個冰川就像一條會動的光帶，而四周聳立的雪山都變成了金山。那樣無邊的輝煌與浩大，擊打著每個人的心胸。夜晚，明月高懸，月華灑下，一切都會放出素潔的光，彷彿貢嘎山神賜予的最溫柔、美滿的夢。

所以，無論是慢悠悠地，還是風塵僕僕地趕來這地處川東南貢嘎雪峰腳下的海螺溝，無論是白天還是夜晚，你都能體驗到無邊的動人心魄的美麗。

在鋼筋水泥的城市裡所積累的疲憊，都會被這裡的陽光消解；在都市人群裡周旋而來的倦怠，都會被這裡的月光安撫。人就像魚沉睡在大海裡一樣，沉睡在海螺溝裡。在夢裡，還會看見那片陽光和月光。

🏔 地理位置
四川

👑 入選理由
舉世無雙的冰瀑 四季景色集於一溝

🌸有亭翼然，柳絲垂拂，荷葉青翠，遊人款款，這就是夢裡西湖。

西湖

江/南/煙/水/銷/魂/處

西湖，最適合在微雨天氣，撐一把傘，從斷橋過去，走白堤，穿孤山，過西泠……這麼一路悠然地走著，便可圓了江南的夢。

🏔地理位置
浙江

👑入選理由
煙雨朦朧意
江南芳菲節

三面環山，一面臨城，杭州西湖的美是江南的青山綠水，粉牆碧瓦，是一山二堤三島，一寺兩峰三泉，三塔五墓，五山七洞，九溪十八澗。它與瑞士的日內瓦湖並稱為東西最為耀眼的明珠。

七大古都之一的杭州，是有著2000多年歷史的城池，曾被義大利人馬可·波羅稱讚為「世界上最美麗華貴之城」。而西湖就是杭州的絕世容顏。如果喜歡杭州，那麼必然眷戀西湖，所以白居易才會說「未能拋得杭州去，一半勾留是此湖」。

如今的杭州是個時尚繁華的城市，五光十色，車水馬龍。然而不管杭州有多繁華、多時尚，西湖卻彷彿千年不曾變幻，依舊天然淡雅。江南煙雨，柔情千處萬處，最惹人相思的還是西湖。

波光瀲灩，山色如黛，白堤的柳絲低垂，桃花漫開。柳絲

條條垂下，輕拂水面，夾著一樹樹如火
桃花，是江南才有的春來煙柳風光；接
天蓮葉，十里荷花，夏日雨疾，湖水漲
了又漲，幾乎要漫上岸來，再也沒有比
這更撩人的夏季；秋來桂花盛開，流芳十
里，香氣醉人，三潭被月光浸透在水裡；而雪後，孤山的梅花
一枝兩枝地開，疏影橫斜，暗香幽遠。

❀西湖妍麗的荷花。

　　在西湖，是在西湖煙柳的鶯啼裡，在西湖細雨迷濛的樓台
裡，在西湖的小船碧波裡，在西湖的幽徑石梯裡，在西湖的南
屏晚鐘裡。它離城市是那麼地近，卻秀雅明麗，與所有的塵囂
隔絕，恬然安逸。

　　李泌、白居易、蘇軾，這些賢人在治理杭州時，都精心
細緻地打理西湖，使之成為江南美景的鼇頭。而古今多少的文
人，都醉在了西湖，用無數華美的詞稱讚它，柳永說：「三秋
桂子，十里荷花。」蘇東坡說：「欲把西湖比西子，濃妝淡抹
總相宜。」西湖成就了這些千古絕唱的詞，這些詞同時也裝點
了西湖。而青蛇白蛇婀娜地走在水光山色裡，與撐一把傘的書
生相遇，則將西湖譜成了一段蕩氣迴腸的愛情，千年不散。

　　無論是月之夜，花之晨，雪之夕，雨之時，西湖永遠是
中國人心中一個關於江南煙雨最完美的夢。一湖煙波，山色如
娥，花光如頰，溫風如酒，波紋如綾，令人必要看過，而看過
之後，流連忘返。

❀西湖雷峰塔。演繹了
千年的故事，已經融入
了西湖煙波，成了人們
品味不盡的歌。

三亞

大/自/然/最/恩/寵/的/仙/子

它的陽光、海水、沙灘，讓人從手指到腳尖的每寸肌膚，都能得到最愜意的放鬆……

🏔地理位置
海南

👑入選理由
南國風情
度假天堂

沒有哪一個城市能比三亞更受大自然恩寵了，上天把最清新的空氣、最和煦的陽光、最湛藍的海水、最柔軟的沙灘、最美味的海鮮，都賜予了這座無與倫比的海濱城市，因此它名列中國「奇、絕、美、勝」四個系列「美」景之首。

風光旖旎的三亞被稱為「東方的夏威夷」。聞名中外的「天下第一灣」亞龍灣和大東海、三亞灣等優質海濱是她最靚麗的笑容。

亞龍灣是三亞最優質的海灘，「她不是夏威夷，卻勝似夏威夷」。「藍天白雲，椰林樹影，水清沙幼」，是小豬麥兜心目中遙遠不可及的馬爾地夫群島，是凡人所能想到的終極天堂。充滿魅力的三亞，就是這樣一個令人嚮往的地方。

它八公里長、百餘米寬的海灘，白沙細膩得簡直像太古幼砂糖，軟如棉，色如雪，隨處都可以躺下，枕著波濤安眠。走在海灘上，腳下彷彿踏著一個童年的夢境，時刻都在被一個無比巨大卻又極盡溫柔的懷抱擁抱著。

人造建築往往抹殺天然風景的精彩純粹，但亞龍灣卻不在此列。沒有酒店的亞龍灣就不是亞龍灣，沙灘上一排排金碧輝煌的星級酒店，一點都不曾抹殺亞龍灣的天堂之美，反而給它增添了一份超出現實的豪奢浪漫。

❀三亞著名的天涯海角風景區。

滿布的椰樹，亮麗的沙灘，舒適的躺椅，碧藍的海水，在三亞，你能盡情感受南國海濱的美豔。

「水暖沙白灘平」，這是避寒勝地大東海蜚聲海內外的美稱。大東海是著名的冬泳勝地，月牙形的海灣，遼闊晶瑩如鏡的海面，融融軟軟的白沙，暖洋洋的陽光共同構築了它的完美。冬天的大東海是最美的，在此既可意氣風發地潛水跳水，暢遊於碧波之間；又可在身心慵懶時，躺在軟到骨子的沙灘上，靜靜地沐浴柔和的陽光，享受它在手指、臉龐跳躍的感覺。興致來時，還可用久違的童心，忘我地在沙灘上拾五彩的貝殼，壘沙塔，挖笨笨的螃蟹……

三亞不僅有美麗的海濱，還有富有海島風情的西島。西島又名玳瑁島，西面是極佳的潛水海域。環島海域生長著無數美麗的珊瑚，聚集著各類色彩斑斕的熱帶海魚，是一個巨大的熱帶海洋生態圈。這裡的釣魚俱樂部是三亞最大最好的釣魚俱樂部。

愛情光彩恒永久，天涯海角共伴老。海南最享譽世界的地方就數三亞的天涯海角了。這裡煙波浩淼，帆影點點，椰林婆娑，奇石聳立，如夢如幻，似乎已經不用多說。

其實不光天涯海角，就是三亞本身，也已經成為度假天堂的代名詞，也已經，深深地印在了所有人的心中……

鼓浪嶼 *Gulangyu*

天/風/海/濤，鼓/浪/洞/天

　　從廈門島乘5分鐘的輪渡，過600公尺的鷺江，便到了鼓浪嶼。鼓浪嶼原先叫做圓沙洲，只因西南有一塊礁石，每當潮水漲來，浪拍礁石，聲似擊鼓，人稱鼓浪石，於是得名鼓浪嶼。

　　緩步以當車，請在「海上花園」鼓浪嶼漫步吧。看那些一個多世紀前留下的風格各異的中外建築，曾經滄桑；看綠樹繁蔭，天風浩蕩；看藍天之上，白雲如絮，隨著海風四處遊走；看海浪拍岸，潮起潮落，卷起千堆雪……

　　如果你喜歡音樂，喜歡鋼琴，那麼，這裡更是必來的。位於菽莊花園聽濤軒的鋼琴博物館裡，有愛國華僑胡友義先生捐贈的珍貴鎦金鋼琴、世界上最早最大的立式鋼琴、世上最早的四角鋼琴、一個世紀前的腳踏自動演奏鋼琴、古老的手搖鋼琴等等。

　　而居住在這個島上的人，也是真的喜愛鋼琴——這裡的人均擁有鋼琴，密度是全國之冠。所以鼓浪嶼又作琴島——鋼琴之島。

　　請在鼓浪嶼上漫步吧，如果誰家的音樂響起，那麼就請用心，聆聽……

深圳大梅沙

都/市/海/濱「美/中/城」

它慰藉了不同層次人的休閒需要，造就了一個都市「美中城」。

大梅沙海濱位於風景迤邐的南海之濱，風光秀美的大鵬灣畔，在鹽田港與小梅沙之間。它三面青山相擁，中間開闊平緩，一面臨海，1800公尺的沙灘如金沙帶鑲嵌。

深圳大梅沙海濱公園共分游泳區、運動區、休閒區、娛樂區、燒烤場。進入海濱公園，首先映入眼簾的是一排排椰子樹和王棕樹。再往前走，便是最著名的海濱沙灘了。大梅沙海濱海灘是深圳最長的海灘，海水清澈、沙灘廣闊、沙質細軟……

向前行，微鹹的海風拂動你的臉頰，天藍，海藍，放眼望去，水天一色，朵朵浪花像一個個小精靈，在明媚的陽光下歡快地跳躍。平視海灘，海灘上五彩繽紛的太陽傘，如朵朵綻開的鮮花，分外惹眼。風馳電掣的水上摩托車則在藍藍的海面犁出如歌的浪花。

在沙灘上如果有興致，還可大展身手打排球，踢沙灘足球，沙灘跑馬，放放風箏，玩玩水上降落傘等。

大梅沙，真的是現代都市人的一片人間樂園。

地理位置
廣東

入選理由
月光花園
完整的娛樂配套設施

在沙灘不遠處豎立著七個顏色姿態各異、身長雙翼的巨大雕塑「鳥人」，有兩三層樓高。

87

杭州東方文化園

都/市/禪/地

東方文化園不是世外桃源，卻更富人間禪味。

地理位置
浙江

入選理由
秀美的自然風
光 佛教主題燦
爛

位於楊岐山南麓的東方文化園，集錢塘江、富春江、浦陽江三江匯合精華，左鄰湘湖，右連漁浦，物寶天華，聚中國深厚文化為一體。

踏進遊樂園佛教景區，走過有壽福兩個石星盤踞的洞門，就是占地2萬平方公尺的世紀廣場，亦名五行廣場。廣場上最惹人注目的是高約20公尺的觀音山。每當廣場梵樂緩緩響起，觀音山噴泉就開始閃亮上揚。當梵樂和噴泉都達到高潮時，一身素衣的觀音，栩栩如生地緩緩上升至山頂，猶如踏著祥雲現身人間，微笑著俯視萬眾子民。隨著觀音向四周轉動，她慢慢揚起手中的淨瓶，把甘露灑向眾生，為人們滌盡煩惱憂愁，亦真亦幻。

佛家景區有座楊岐禪寺，極富有傳統文化特色。禪寺始建於南宋嘉定二年，進寺過平安橋，上橋腳踏雕刻的蓮花，意為祈求連升；下橋腳踏蓮花旁平的一面，意為保佑平安。楊岐禪寺的大雄寶殿內有仿普陀山、五臺山、峨眉山、九華山雕塑，巧奪天工地再現了「寺在山中，山在寺中」的佳景，令人撫掌叫絕。而那香樟木雕刻成的五百羅漢雕像，更是精美絕倫，栩栩如生。大殿的地下還有7700只回音缸，它們一仰一臥，整齊排列，使整個大殿形成絕好的回音效

文化園為億元資金所建，重修的楊岐禪寺中的大小佛像都黃金燦燦。

果，響亮、空靈，猶如置身輕靈的天宮。

　　走過楊岐禪寺，轉過藏經樓，就到了萬佛金塔地宮。萬佛金塔地宮是仿泰國皇宮式建築。塔身內外供奉9999尊金佛像，連同建築本身造型恰是一尊佛像，故稱「萬佛金塔地宮」。通往地宮的廊壁刻滿珍貴的佛經佛像，地宮內金磚鋪地，豪華至極。佛龕內展擺著眾多國家一級佛教文物，高僧舍利、佛教巨典、象牙微雕。其中央有一座21尊地藏菩薩金塔，3層供奉，造就了塔中有塔的奇觀。地宮廣場上還供奉著一尊泰國佛教界贈送的釋迦牟尼佛像，佛像由整塊緬甸玉雕琢而成，周身用寶石等鑲嵌，是中國最大的玉臥佛像，美侖美奐。

　　而在文化園，人們還可以登「三江寶塔」，領略周圍美麗的景致。在塔上西望，錢塘江、富春江、浦陽江三江美景盡收眼底，江浪東去，煙波浩蕩；東望，園內仿北宋長城而建的景觀長城蜿蜒於營盤山麓，唯妙唯肖……

俯視位於三江匯合處的文化園，充滿了東方情韻。

Chapter 02

我有諾言，尚待實現

真愛攜手

17

處浪漫鄉野

Paradise

婺源

天/堂/跌/落/人/間/的/花/園

曾經以為，婺源就像烏鎮、周莊一樣，是一個鎮子或鄉村，真正到婺源才知道，其實它是一片美麗村落的總稱。

地理位置
江西

入選理由
中國最美麗的村莊

✿詩意田地中隨意點綴的屋舍村莊。

婺源，有春天漫山遍野的金燦燦的油菜花，有「古樹高低屋，斜陽遠近山」的美景如畫，有「林梢煙似帶，村外水如環」的如夢意境。

婺源古時原屬徽州，目前是江西省內唯一的古徽州村落群。沿著南昌、景德鎮一路來到婺源，放眼望去，一片高高低低的古樹，纏繞著彎彎曲曲的河水，粉牆黛瓦的村落裡，馬頭牆連接著晴朗的天空，還有寂靜山野裡的清幽古道，純淨得不含一絲雜質。

因此有人說，到婺源，一個人是孤獨的，一群人又太喧鬧了，婺源是個適合愛情生長的地方。炎熱的夏季，兩

個人共撐一把油紙傘，遊走在青山綠水，讓風景和著悄悄的情話，飄在鄉間的旅途，該是怎樣的幸福！

❀婺源江嶺，油菜花黃炊煙四起的村莊。

到婺源，首先被曉起風光所吸引。曉起有千餘株古老的樟樹，一株株，一叢叢。據說曉起的人很尊崇古樟，從不允許砍伐，因此才養成了千年古樟。當夏天來臨，曉起人聚集在樹下乘涼，聊著家長里短。如果村裡有新生的嬰兒，就拜作古樟的兒子，讓它保佑嬰孩長命百歲。

沿著乾淨的村路進村，就看見了鼎鼎有名的雙井。據說，這兩口井是唐代末年建成的，井水清幽深邃，清冽甘甜，四季不涸。時值滿月，還可以看到兩井共映一輪皓月，有「雙井印月」之稱。而今，這兩口井依然是村民生活飲水的主要源泉，只不過為了衛生，其中一口專供浣洗，另一口專供飲用。

❀山谷間點布的田疇，養育了世代的婺源人民。

如果說曉起是綠的，那麼江灣村就是灰的。走進江灣村，你一定會被其中的宗祠、老屋所吸引。這裡也如婺源的其他鄉村一樣，山水環繞，風光旖旎。不過真正讓江灣村聲名鵲起的，是這裡由古至今的「鼎盛文風」。自明代起，江灣村就群賢輩出，孕育了一大批學士名流。村中至今還保存著三省堂、敦崇堂、培心堂、滕家老屋等一大批徽派古建築。

婺源的另一個人文重地，就是李坑村。村前一座古老的廊橋，傳說是宋代

婺源美麗的徽派建築。白牆黛瓦,深入人心也永遠經典。

中書舍人李侃回鄉省親時,捐資建築的,因此得名「中書橋」。沿著村口的小路走進村中,一股田園香風撲面而來。村路邊有寧靜的小河,有清香的水稻田。悠閒散步的人群,與綠樹掩映下的古亭和老舊水車,構成了一幅如詩般美好的田園美景。

如果說李坑村的「中書橋」雅致,那麼清華鎮的彩虹橋則雅俗共賞。整個廊橋呈現古樸的紅色,橋身由整塊巨木搭建而成,有一種不對稱的古典美。待親自走上彩虹橋,極目遠舒,才發現此橋與青山綠水、古鎮田野早已融為一體,人在橋中,如入畫中。

彩虹橋邊有一個大水車,流水穿過,發出「咕嚕咕嚕」的響聲。水車後面連著碾米的工具,據說以前鎮裡的老嫗少婦、壯男村姑都喜歡穿過彩虹橋,來這裡碾米。碾坊內錘子此起彼落,稻殼飛揚;碾房外,少兒嬉戲,水聲、笑聲如潮……

婺源就是這樣一個地方,少了「杏花春雨」的纏綿,去了名族貴宅的喧囂,人們依然在田園村舍中幸福、快樂地生活。

宏村

古/墨/飄/香，畫/裡/鄉/村

在山水悠悠、清幽寧靜的皖南山區，坐落著一個粉牆黛瓦的古村落。這就是宏村，電影《臥虎藏龍》部分外景的拍攝地。

有著800多年歷史的宏村，是一座形如臥牛的古村落，山崗、湖沼、堤壩、古樹和老屋，是宏村的天然建築元素。古人說牛臥馬馳是吉兆，牛主富貴，這也許只是一種期盼，但是先民們卻有著實實在在的體驗。宏村人勤奮進取，到明代已是百業蒸騰，人丁興旺；清代時「煙火千家，棟宇鱗次，森然一大都會矣」。

富足之外，「畫裡鄉村」的美名更讓宏村熠熠生輝。有一幅古徽州楹聯這樣寫道：「看子霞西聳，飛瀑東橫，天馬南馳，靈金北倚，山深人不覺，全村同在畫中居。」整個宏村就是一幅妙手繪就的美妙畫卷，而南湖就是其中奪彩的一筆。南湖位於宏村畫卷的最南端，它整體呈弓形。弓弦處是密佈的樓舍民居，弓背部的堤岸上嫋娜著蔥郁的楊柳。在晴好的日子裡，如鏡的湖面映著碧山和藍天，你也許會分不清是在人間還是天上。也可謂「若把『南湖』比西子，淡妝濃抹總相宜」！

同在山水畫意境裡的，還有宏村的園林。在明末至清末

🏯 地理位置
安徽

👑 入選理由
畫裡鄉村

的300多年間，汪氏家族發展鼎盛，隨之高官輩出。宏村的園林正是那些榮歸的官員為了光宗耀祖而修建。宏村的宅院建設大多是受蘇杭園林之風的影響，把山川湖泊的景色微縮於園中。工匠們巧借水圳之活水，在院中挖

❀此時名與實相符的宏村月沼，渾然美麗。

池塘、建水榭、造亭閣、種樹植花，造就了風格各異的村落私家園林。可以說，宏村裡家家都有大小不等的庭院，個個都是典範。

碧園，聽名字就知道是一個翠綠的美麗小園。涓涓源頭活水流經園內，塘水清澈見底，各色小魚漫游其間；水面平靜無波瀾，偶有調皮的小魚冒出來透個氣；塘上建有水榭，水榭臨水處三面設有可供納涼、垂釣的「美人靠」。水榭直通廳堂，坐在廳堂內即可眺望水榭對面花台的景色。這樣的景致，簡單想想，主人必是一個溫文學子，整日間看水賞魚，吟詩

✿宏村「承志堂」，有著濃濃的書香。

作對。

　　當然，宏村不乏書聲——來自南湖書院。書院由志道堂、文昌閣、會文閣、啟蒙閣、望湖樓和祇園六部分組成。望湖樓是閒時觀景休息之地，在望湖樓上可將蕩漾的南湖以及蒼翠的遠山盡收眼底。《汪氏族譜》中寫道：「旁有小樓可以俯瞰全湖風景，時見鳶飛魚躍，生趣盎然。」望湖樓下是祇園，是供教書先生休息的小園。園內一角，綠蔭掩映，還隱約著一尊「文人石」。在徽商的眼中，讀書是立身處世的必須，他們當然尊師重道。

　　在太美麗的風景面前，語言彷彿就失去了它的作用。那就什麼也不必說，閉上眼睛，暢想一下：夏日的午後，獨自一人在會文閣斑駁的書桌前，感受許久以前那些純真孩童的渴望與夢想；屏息靜聽，似乎還聽得見南湖的水聲；髮梢微動，許是飄過湖面的暖風和你開了一個俏皮的玩笑吧……

❀村中映在水中的這座小橋，曾經取景進電影《臥虎藏龍》。

西遞

暗/戀/桃/花/源

西遞，彷彿一縷淡淡的清風，質樸、幽靜，時空彷彿在這裡駐足，然後，又飛馳到某個遙遠的前世，輕哼著屬於自己的桃源之歌……

春天，總是度假出遊的不二時機。陽春三月，西遞古鎮外的鄉間小路上花香撲鼻，這是皖南的油菜花季。

過了幽曲的花徑，遠遠地就可以看見一座高聳的建築。這是矗立在西遞村口的「膠州刺史」牌坊。它是明萬曆年間西遞鄉親為彰明胡文光刺史的善舉所建。牌坊主人的身世來歷，單看這牌坊的規格便知一二。牌坊有5個層次分明的樓閣，高12.3公尺，寬9.95公尺。正樓牌匾的上方雕刻「恩榮」二字，

✤亭亭而立的胡文光牌坊。

可見民眾之感恩，主人之善行，聖恩之浩蕩。花板上雕有鹿、鶴、虎、豹等圖案，兩旁是雙龍盤踞的浮雕，還刻有標明主人官銜的字。樓牌石柱兩側還雕著倒懸的母子雙獅。造型富麗，遠遠望去巍峨聳立，氣度不凡。

青磚黛瓦，馬頭牆高聳，除了這些，西遞的古建築更富厚重的歷史感和濃郁的文化氣息。古代徽商講究「耕讀並舉」，這方土地自然出過不少名人。在榮歸故里後，他們大建宅院，雖然規模因官位大小和富庶程度而不同，相同的是，在一扇扇大門和一面面高牆裡面，都蘊含著故事，不論是精緻的西園和東園，飛簷翹角的大夫第，還是幽靜典雅的桃李園。

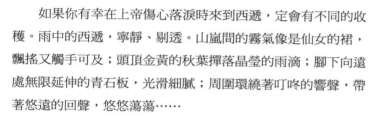

🌸西遞鎦金的木雕門梁。

如果你有幸在上帝傷心落淚時來到西遞，定會有不同的收穫。雨中的西遞，寧靜、剔透。山嵐間的霧氣像是仙女的裙，飄搖又觸手可及；頭頂金黃的秋葉揮落晶瑩的雨滴；腳下向遠處無限延伸的青石板，光滑細膩；周圍環繞著叮咚的響聲，帶著悠遠的回聲，悠悠蕩蕩……

薄霧縈繞的清晨，推開河邊小店的木窗，河邊有擣衣聲，橋旁有搖櫓聲，街上有叫賣聲。羞澀的陽光裡，村頭升起嫋嫋炊煙，村人開始做飯了。隨意地走在西遞的小巷，餘暉中更顯幽秘。轉角處遇見掛著布幌的茶樓，品上一杯，甜蜜的，清新的，種種滋味湧上心頭。半掩的門邊，小貓瞇縫著眼睛懶洋洋地趴在主人身邊，大黃狗耷拉著耳朵，木然注視著過往的行人……慢慢走，和他們一起，用平靜、溫暖、忙碌的心靈。

🏠 **地理位置**
安徽

👑 **入選理由**
油菜花中的老宅古村

🌸西遞村的村民們正在油菜花黃的地裡採摘茶葉。

紹興

古/越/寶/地

「鑑湖越台名士鄉」。紹興多出名人，從文人墨客到革命志士，從科學家到政治家，一應俱全，如王羲之、陸游、朱自清、魯迅、秋瑾、馬寅初、竺可楨、蔡元培、周恩來……

紹興歷史可謂悠久。相傳夏朝時大禹為治水曾兩次到過這裡，至今紹興尚有禹陵。春秋戰國時期，越王勾踐在此建都，越池一度繁華。秦漢時古吳越地屬會稽郡，隋朝改稱吳州，唐時稱越州，南宋趙構為躲避金人追擊，流落江浙一帶，為越州的富庶美景打動，遂道：「紹祚中興」，這便有了紹興的名字，並一直沿用到今天。

來到紹興，最不能錯過的就是魯迅故居。如今這裡已經形成了一片文化街區，魯迅故居、百草園、三味書屋、鹹亨酒家，還有小河和烏篷船。徜徉在寧靜的牆瓦之中，我們可以感受到百草園中的童年樂趣，滿樹的桑葚，遍地的覆盆子，矮矮泥牆根下的蟋蟀，被拔起的何首烏……這些趣事何止是魯迅先

紹興柯橋景致。曲觴流水，樹木青翠。

生懷念，每個人心裡不都有著一片過去無憂無慮的美好回憶嗎？

而到了紹興的沈園，人們又能感受到一束哀婉的愛情氣息。那股氣息低低地縈繞在花間枝頭，彷彿在反復地喃唸著：太遲了，太遲了。這不是一段人心可以消遣得下的故事，以至於人們來到這裡的時候，最好還是不要想起陸游，也不要想起唐琬，更不要想起以「紅酥手，黃縢酒」起頭，卻以「莫莫莫」結尾的詞作。

而紹興，自然更是美得無法形容。每年三四月間，漫山的野花開得無比燦爛，這時，遊人可以到距紹興古城十多公里的吼山一遊。吼山以奇石著稱，雲石景觀位於吼山頂峰。碩大的石頭直衝入天，在頂端幻化出雲朵的模樣，恰似升騰的雲彩，又像巨大的蘑菇。初春季節，山上桃花一片姹紫嫣紅，山下田野一馬平川。霧氣縈繞著奇石，古樹伴著花香，此般景致就像仙境。《西遊記》續集的外景拍攝基地就選在這裡。

 紹興蘭亭景區內的墨池。相傳王羲之曾經在此池洗毛筆，把池水都洗變了顏色。

如明鏡般的鑒湖寧靜地守護著紹興這座古越寶地，湖上橋堤相連，水邊青山隱現。「山陰道上行，如在鏡中游。」何等愜意！湖面上緩緩劃過的烏篷船蕩漾著多少童年的故事……或者，在中國的歷史上，紹興就是一壇窖藏得很好的花雕，而今我們所嘗到的甘冽，正是來自於它在歷史上年復一年的埋藏和蘊養，來自於它美麗的江南水鄉韻致。

🏠 地理位置
浙江

👑 入選理由
魯迅故居
烏篷船

略顯古舊的泰順三條
橋，架於溪水潺潺的山
谷間，不慍不傲。

泰順

悠/悠/廊/橋，前/生/遺/夢

到了泰順，你才知道，原來橋也可以這樣婀娜多姿。

地理位置
浙江

入選理由
穿過歲月的廊
橋 浪漫的美人
靠

泰順地處浙南閩北的交界處，山陵丘壑聳立，河流溝澗縱深。由於處於兩種氣候帶交界處，泰順地區雨水充沛。人們在長期生活中，逢山開路，遇水架橋，北澗橋、溪東橋、劉宅橋、毓文橋、永慶橋、文興橋、三條橋、普賓橋、南陽橋、城水橋、池源橋、紅軍橋、三柱橋……據說，目前泰順共有橋樑958座。因此泰順有「千橋之鄉」、「浙南橋樑博物館」之稱。

山花爛漫時，泰順之橋掩映在參天碧綠之間，如仙居般令人神往。朦朧的煙霧中，隱約看得到低垂的楊柳。清澈的小溪從高低起伏的嶺中穿梭而出。這廊橋啊，猶如一道橫空而出的亮麗彩虹，架立兩岸。

姊妹橋如《清明上河圖》中虹橋之重現，飛簷翹角、精巧別致；永慶橋宛如振臂高呼的金剛巨人；文重橋則像大家閨

秀般規整自然；文興橋大鵬展翅、氣勢恢弘……凡此種種，無法用言語窮盡。這些廊橋，都是泰順的瑰寶。它們不是文人筆下演繹浪漫愛情故事的場景，卻有著另一種現實的況味。

如果，在飄著濛濛細雨的季節到了泰順，能在廊橋的美人靠中靜觀雨絲紛飛，萬物墨斂，該是多麼幸運的事啊！

在這多山的土地上，除了橋，自然少不了親近自然的去處。「天然氧吧」烏岩嶺位於泰順縣西北，是國家級自然保護區。遍布各色古老的野生樹種和動物，使得它成為「天然生物基因庫」和「綠色生態博物館」。

多山多雨的環境，還造就了泰順「茶鄉」的美名。三杯香、白毫銀針、仙瑤隱霧、承天雪龍、香菇寮白毫……從這些繁複的名目，我們就應該欽佩百姓的智慧。如今，一些有特色的製茶工藝已經成為泰順的代表工藝了。

「國泰民安，人心歸順」，再簡單不過的語言，寄託了泰順人千世百代的美好期盼。就讓期望化作應時而落的款款雨滴，撫摸高揚的簷角，還有廊外的清風，風中的春光，春光下的幽深山嶺，山嶺間的歡悅小溪，溪水旁的嬌嫩小草，青草上的晶瑩露珠……

河岸的聲音依然是溫柔而優雅的，沒有絲毫的浮華氣息。而這永恆的淡定與安然，超過了塵世所有的美。

❋泰順鄉村梯田中金黃的稻穀等待豐收。

烏鎮

花/樣/年/華，水/樣/古/鎮

雨巷、油紙傘、帶著愁怨的姑娘，小橋、流水、炊煙嫋嫋的水鎮人家……烏鎮，就像一幅意境悠遠的淡淡的水墨畫。

地理位置
浙江

入選理由
水閣人家
悠悠行船

烏鎮地處浙江省桐鄉市北端。據說很久以前，小鎮的牆上都刷著一種黑色的油漆，而桐鄉一帶又常把「黑」叫做「烏」，後來人們就把這個玲瓏的水鎮叫「烏鎮」了。

橋，自然是水鄉不可或缺的部分。據記載，康熙年間，烏鎮有上百座橋。它們就像是點綴在美人裙裾間的絲絲飄帶，閃爍動人；又像歷盡滄桑的垂垂老者，安靜地守護著水鄉的歲月輪回。多少年來，只有這涼涼的流水，耐心地聆聽，日夜地吟誦著那些橋的歷史和傳說。

在橋和影互相交錯的水鄉，還有一種獨具特色的建築——水閣。事實上，水閣本與浪漫的心境無關，它是烏鎮民居伸長的「陽台」。烏鎮的民居大都沿河而建，而且房屋的一部分延伸到河面上方，底部用木樁或石柱打在河床中作為支撐，上架橫樑，再擱上木板，就形成

烏鎮的木雕。木頭上能雕出這栩栩的人物和精緻的環境背景，不得不讓人顧盼再三。

了突出在水面上的「陽台」。有了水閣，人們就可以站在自家
後門用吊桶打水；可以在夢醒後聆聽船槳划過聲；可以在清晨
輕推雕花木窗，迎接撲面的清風；可以遙看頭裹藍色印花頭巾
的船娘不疾不徐而過。這時，你便真正體味了水鄉「人家盡枕
河」的滋味。

　　然而，烏鎮的生活並不止這些。在橋和水閣之外，茶館
是烏鎮生活的一個萬花筒。在這裡，只需一盞茶的工夫，上至
國家重大政策，下至小孩調皮搗蛋，你都能瞭解得到。烏鎮大
大小小的茶館散落在各個街巷的水閣裡，或寬敞雅致或質樸簡
單，卻都能讓你品出水鄉的原汁原味。傍晚時分，尋一處茶
館，依窗而坐，一面傍河，一面臨街，街道喧嘩，河道沉寂，
將是一件多麼難得的愜意事。

　　如此美麗的小鎮，也許讓人不忍打擾。但是，當城市喧囂
繁華，當孤獨無法排解，停下來吧，把心流放。你的花樣年華
　　裡也將有如水的寧靜，如歌的浪漫，如畫的純
　　　　美，如夢的奇幻。

烏鎮東街。雖然有些
老舊，但一彎河道卻過
濾了諸多雜質，流出無
限的悠然韻致。

世界風華館 系列

中國最美的96個度假天堂

真愛攜手17處浪漫鄉野

西塘

那/橋，那/廊，那/石/弄

有這樣的地方，它凝聚著你的夢想，透射出淡淡的憂傷，傳遞著深情的呼喚……
西塘，就是這樣的地方！

江南的天空下總給人黛瓦清流、黑白分明的印象。而西塘，卻像一個偏僻之隅的嫻靜女子，不經意地闖進視野，待你一望，就再也轉移不了視線。

西塘位於浙江省嘉興市嘉善縣，距縣城11公里，是一座已有千年歷史的文化古鎮。它與烏鎮、同里被稱為「江南三古鎮」，然而卻沒有烏鎮刻意的精巧，同里厚重的遊覽氣息，只是淡淡地透著樸實與悠然。西塘雖出名，卻不重宣傳，在它身上有一種超脫於人為的「冷」，而多了一份原始的人文生態的親近。

✿水環街繞，小橋相街。這樣的古鎮，有著它自己的辛酸與自豪。

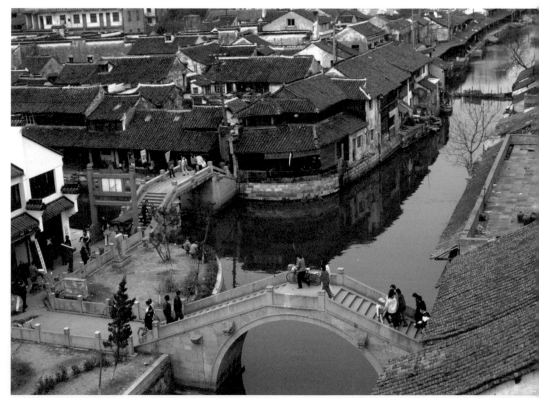

西塘的宅院、商鋪大多臨河
而建，由於南方的建築習慣，就形
成了一條條並行的小巷和街道，當
地人稱之為弄堂。弄堂是西塘人的
命脈，包含著西塘百年的歷史。西
塘的宅弄很長，有三五進、六七進
之說，可住二三十戶人家。穿行在
西塘弄堂深處，摸著兩邊的青磚，
望著遠遠的細長小徑，一絲遠古的
記憶漸漸湧來，滋潤心田，身心溫
靜。

　　弄裡古老的青石板清純而古
樸，在濕潤的暖風下，發出醉人的
幽光。弄邊斑駁的牆壁上寫滿了歲
月的悠長，高高的磚瓦牆裡散發著
閒適、寧靜與恬淡的氣息。這裡彷
彿是遺落在靜寂時空裡的一粒細
沙，時間也被小弄拉得悠長悠長，
長到每一次呼吸都無比漫長；可是
時間又被擠得很窄很窄，彈指間，
千載已過，只留下老屋上茂盛的
草，觀望著小鎮的寧靜和久長。

 來水鄉，不能不坐一
坐小巧的烏篷船，體驗
一番真正的水鄉風情。

　　「不到石皮弄，不算到西塘」，西塘人如是說。石皮弄是
王家尊聞堂與種福堂之間的過道，68公尺的「細線」是兩百多
塊薄薄的石板鋪成的。說它是一條「細線」，一點也不誇張，
深深的弄裡，最寬處也僅有1公尺，兩人相向而遇，需側身才
能過。而「石皮」的得名，還源於那薄薄的石板。據考證，那
薄薄的石板下，是一條使全弄雨天也不會積水的水道，薄如皮
的石板是作為下水道的表皮而存在，所以才叫「石皮弄」。

　　西塘有很多橋。這些經年的石橋上，發生過多少迷茫的抑
或憂傷的，又或者是溫暖的故事呢？在這裡，惺惺相惜的古橋
和村鎮，是否也給你指明了一種方向？

　　遠望，一片木色長廊悠然立於石上──西塘，你為何如此
親切？

> 　地理位置
> 浙江
>
> 　入選理由
> 窄窄的巷道
> 煙雨長廊

終於忍不住，輕輕踏上「長廊」，體會那「一簾煙雨，一船夢」的美好。踱著輕柔的腳步，漫步在廊棚裡，石板的「咚咚」聲定會喚起你輕快的笑容。廊棚是西塘的標誌，是一道風情萬千的風景線。在這沿河而建的千尺長廊上，日日上演的，是西塘百姓的柴米油鹽、鍋碗瓢盆。事實上，浪漫的「煙雨長廊」只是西塘人家伸長的屋簷。據說「長廊」下鋪砌的石板，是故意設計成空心，這樣可以使積水流走，也是廊棚終日「咚咚」歌唱的原因。

✿煙雨朦朧，這才是夢想中的西塘，如歌的西塘。

廊棚下曾經走過一些詩意的人，或許也曾走過一些失意的人。然而，淡然的西塘人卻在水邊老屋裡住著，如果趕得巧，你可以與這些悠然的西塘人坐在一起，悠然地看水，悠然地品嘗。

✿西塘古老的波浪牆。

也許，也許前世，你便是這悠悠西塘河邊的一株垂柳，迎風沐雨；於是今生，不論在何方，心中一直惦念一個地方，那細長的弄堂，淺淺的笑……

🌸陽朔興坪古民居建築，疊疊而起的波浪牆。

陽朔

悠/揚/山/歌，柔/情/灘/江

桂林山水甲天下，陽朔堪稱甲桂林！灘江南部的陽朔，山清水秀，洞奇石美，典型的喀斯特峰林地貌宛若人間仙境……

位於廣西偏北的小城陽朔，有著令人驚奇的綺麗山水。悠悠灘江靜悄悄地流經這片土地。清晨，江面上籠罩著濛濛的霧靄，山在茫茫天際裡顯出隱約的輪廓，遠方飄來一葉悠閒的竹筏，主人頭戴斗笠，撐一支竹篙，悠揚地唱著劉三姊的山歌──美麗是不可勝收的！

到了陽朔，無意中發現「芳草鮮美，落英繽紛」的世外桃源就在這裡。「世外桃源」景區是根據《桃花源記》設計的田園風光景區。山水風光，風俗民情，匯成了一個瑰麗多彩的碩大公園。可以乘船，輕舟隨流水緩緩駛下，田園村舍、綠樹紅花、奇山怪石、古樸民宅……心中不禁湧起陣陣的感歎。如

🏔 地理位置
　廣西

👑 入選理由
　世外桃源
　奇特洞天

果步行，民寨群裡展現的是桂北各少數民族風格的建築，鼓樓、廊橋、對歌台、花樓、長廊、圖騰……讓人不禁感歎世界的多姿，生活的欣欣向榮。在淵明山莊裡，蘇州園林和桂北民居相融合的建築悄然鋪陳，一步一個景，十步一重天。

「別有洞天」的美景一定是為陽朔龍門水岩準備的。位於陽朔縣城東南部十多公里的龍門水岩，是世界著名的大型地下河水晶溶洞。大洞綿延8公里，貫穿8座大山，高100多公尺，有5層洞天，洞中疊洞。進洞後就得乘船，幽暗的光線裡，隱約可見頭頂倒懸的鐘乳。洞頂常年不斷的滴水形成了很多大小不等的天然地下湖，有的清澈，有的沉澱了柔軟的洞泥……

在灘江山水之外，還有一條吸引世人的小街。小街精心改造的仿古建築裡，遍布的

✤陽朔清可見底的撩人的河水。

是一間間的酒吧、咖啡屋、手工藝品小店、旅店等。這裡有很多外國人，像極了後海附近改造的北京胡同。街上的各色小商品店是必須一看的，琳瑯的配飾、極富民族特色的精巧用品、別出心裁的服裝，讓外來人側目流連不已。街邊也有這樣的藝人，他們攤開一個四方的包袱，便開始了一日的營生，一支畫筆、一個畫板、一個小板凳、一杯清水、一打白色T恤，剩下的就是整日來往穿梭的遊人了。他們會在三五分鐘內勾畫出圖畫，或者客人的肖像，或者身邊的配飾，或者遠處的山水，又或者隨意塗鴉的幾筆，就潑灑出頗得神韻的物象，博得了客人的歡心和圍觀者的嘖嘖稱讚。在西街，浪漫隨處可見，牽著手的，臉頰帶著笑的，嘴角閃著蜜的……有山有水的陽朔，是一個可以醒著作夢的地方，丟一顆希望的種子，在心裡會開出盛極的花朵。即使你不是成雙成對，或者也可以在這裡尋找到一份屬於你的真正的愛情——為什麼不在這麼美的地方抱這樣的希望呢？

在陽朔，獨坐江邊，聽一曲悠揚的山歌，品一枚芬芳的金橘，任悠悠江水蕩滌了一切煩惱和憂愁，品味村落裡嫋嫋升起的炊煙，這將是怎樣愜意和讓人不忍割捨的情愫啊！

陽朔如詩如畫的風光。

黃姚

石/板/老/街，詩/香/漫/步

黃姚如一本千年詩集，不經意地翻開，一股古樸幽雅的氣質撲面而來：水氣氤氳，山色如墨，古樹參天，名人寓所遍布各處……

🏠 地理位置
廣西

👑 入選理由
水氣氤氳
石板老街

🌿翠綠山峰下的村鎮，充滿了和諧寧靜的韻味。

悠的灘江，伴著漁家悠遠的歌，流到了黃姚，一個吸引無數劇組的美麗小鎮。如今，喧囂過後的黃姚又回到了往日的靜謐與悠閒，一如人生的潮起潮落。

走進黃姚，八條青石板老街將它勾畫成一首古韻悠然的絕句。青色的石板，平滑如鏡的街面，遠遠望去，猶如一條條凝固的溪流。而真正走在上面卻發現，每一條街都演繹著自己的故事。

石板老街中最古老的一段，距今已有300多年的歷史。迎來送往的繁忙中，這位踉蹌的老者默默地注視著行人的腳步。由於長時間的踩踏，老街的中心石板已經凹陷成槽狀，盡顯歲月的滄桑。這些老街雖老，卻有燕瘦環肥的風韻在其中。老街中最寬的是5公尺的迎秀街，算得上豐滿；最窄的金德街羊巷口，寬不到2公尺，每逢趕集的日子，人們只能側身而過。

石板街邊的房屋也有自己獨特的風韻。那矗立街旁的黑瓦房竟像一部厚重的居民文化史，一座不起眼的小院子中，就曾

住過高士其、何香凝、千家駒等文化名人。而精美的磚雕、石雕、木雕，顯示出當時工匠工藝的高超，精緻的牆面、梁柱、斗拱、檁椽，默默地記錄著工匠的智慧。據說清末民初曾是黃姚最輝煌的時節，如今沿街而立的各式老店鋪，就是當時繁華商街的最佳寫照。

黃姚嶺南風格的建築，古樸中又有年復一年的翻新。

黃姚人熱情好客，即使在如今的浮華世界，依然保持著古樸的民風。無意間與乘涼的老翁聊兩句，就有可能被邀請到家裡飽餐一頓，清香的農家飯，從米粉、稀飯，到獨有風味的糍粑、紅薯，任你享用。待夕陽西下，輕聞著暖風中的陣陣飯食香，不禁有些迷醉。

或許黃姚亦是一壺塵封已久的老酒，連風裡都透著一股醉人的香氣，一絲久遠的沉寂……然而，不論你是誰，也不論黃姚是多麼的靜謐，只要你願意，都可以在這裡開始一段詩意的生活。

水、橋、船行，構成了這畫中江南最具代表性的一幕。

周庄

夢/裡/水/鄉

水波蕩漾，槳聲悠揚；樓閣亭軒，清新自然；眾湖環繞，河流縱橫。周莊宛如汪汪水波裡的一朵睡蓮，透著靈動的美麗。

周莊有著很多光環，是中國第一水鄉，曾是電影《搖啊搖，搖到外婆橋》的外景地……

而周莊的美，當然在於它瀲灩的水光。水就是周莊的靈魂，而且是嬌嫩的，倒影著所有之前和現在的淳樸與美麗。當人們於水鄉，在悠悠搖船上體味一番無所記掛的優遊，定會為這裡人的生活而感動和心生嚮往。

有水必有橋。橋，自然是水鄉必不可少的景致。在水鄉的「井」型水道上，14座不同年代的古橋遠近相望，構成了周莊獨有的水鄉神韻。周莊最負盛名的橋是雙橋和富安橋。雙橋連

🏔 地理位置
江蘇

👑 入選理由
中國第一水鄉

袂而築，橋面一橫一豎，橋洞一方一圓，像極了古代的鑰匙，所以又稱鑰匙橋。富安橋橋上建樓閣，樓下即是橋，橋、樓合璧，相映成趣。據說這橋是江南巨富沈萬三的弟弟沈萬四捐錢修建的，橋的名字表達了祈求安康的心願。

除了水和橋，周莊的古建築也是值得一看的。在這片嬌小的土地上，分布著近百座明清古院。牌樓、船舫、道院、寺廟、私宅，一座連一座，水光輝映，牆瓦相連。樓在橋邊，窗在水上。飛翹的屋簷，雕花的窗櫺，窗口那一抹羞澀的笑容，應著悅耳的水聲和悠揚的歌聲，把無限回味盡情展現開來。雨後的門前石板路，泛著清幽的光，像一面面古老的銅鏡，襯著屋宇和行人，彷彿在喃喃訴說周莊古往今來的無限情懷。

夜幕降臨時，華燈初上，人聲退去，水鄉的街道安靜了下來。這時，河邊的茶樓熱鬧起來。選定一個臨窗的座位，沏一壺「阿婆茶」，讓香氣彌漫，靜靜地俯視河中蕩漾的霓虹，該是夢想中久違的感覺……

「春天的黃昏，請你陪我到夢中的水鄉；讓揮動的手，在薄霧中飄蕩；不要驚醒楊柳岸，那些纏綿的往事，化做一縷青煙，已消失在遠方……」也許，在暖暖的午後，輕推那扇古老的窗，玲瓏少年果真在岸上，偎依著熱情相擁的晚霞和夕陽，把淡淡的相思寫在臉上，用花樣的年華守候著花樣的夢……

而在周莊，也許所有的夢想都能暫時消退，由它的美代替……

☀靜靜，也是一種很美好的美好。

德夯苗寨

唱/支/山/歌/給/你/聽

在苗語裡，「德夯」是「美麗的大峽谷」之意。也許，在那高聳的群山之間，忽
聞得清越的山歌，煩惱便不知所蹤了吧。

大山是湘西最不缺乏的東西。舉目四望，山連著山，樹
疊著樹。然而，一座座地道的苗寨就隱蔽在大山的腳
下。每年的不同時節都有絡繹不絕的遊人來訪。

但遊客進寨前必須先學幾句山歌，不然衣食住行都會有
點麻煩。因為在苗寨，吃飯之前眾苗家阿妹會一字排開，將
來客擋在門外，然後放開嗓門大唱山歌，能唱的客人就先吃
飯，沒有對上的就要接受小小的懲罰——往臉上抹鍋底灰。

歌舞從來都是苗家人不能缺少的節目。苗寨每到夜間
都會有一些歌舞節目，在一塊平坦開闊的廣場上，生一堆篝

火，苗家阿哥阿妹歡快地圍著火堆起舞，一兩圈之後，他們就會熱情地邀請觀看的客人加入。

德夯有「天下鼓鄉」的美譽，當地人相信鼓能驅魔避邪，所以他們最喜愛的樂器是大鼓。過去，這裡家家都能製鼓，人人都會奏一兩首鼓曲。德夯的鼓曲不同於其他地方，鼓是豎著固定在支架上的，擊鼓的人邊擊打還要邊跳出動作，這叫「跳鼓」。「跳鼓」原是苗家歡迎客人的儀式，動作很多，優美連貫，腳跳、手擊、腰旋……

苗寨裡的節目固然吸引人，但大自然的造化更讓人流連忘返。流沙瀑布是德夯有名的一道景觀，這個瀑布又被稱為「最細膩的瀑布」。瀑布的垂直落差有216公尺，水到了下面就散作流沙狀，又像一匹細密的紗布。遠遠地，就能感受它沁人心脾的涼爽，走進一些，細密的水珠洋洋灑灑地落在身上，清涼舒服。瀑布下方有一汪碧潭，可以泛舟，可以浣洗，可以梳妝……

來德夯苗寨吧，對兩首山歌，跳一曲跳鼓，吹吹山風，沐浴流沙……多麼愜意。

🏔 地理位置
湖南

🖐 入選理由
激越的苗歌
青蔥的山水

世界風華館 系列

中國最美的96個度假天堂

真愛攜手17處浪漫鄉野

❀在德夯，偶爾會有吱呀的老水車映入眼簾，你可以想像它曾卷起飛濺的水花。

西江千戶苗寨

苗/族/歷/史/博/物/館

密密麻麻的木質小樓爬滿整個山坡，夜幕時分，家家戶戶點起盞盞碩大、透亮的燈籠，分外妖嬈⋯⋯

地理位置
貴州

入選理由
錯落的吊腳樓
動人的苗寨歌
聲

西江千戶苗寨位於貴州省黔東南苗族侗族自治州的雷山縣，這裡的千戶絕不是虛誇的。偌大的村寨背靠著群山，錯落有致的楓木吊腳樓安靜地匍匐著，無限延伸，彷彿要翻山而去。吊腳樓剛毅、堅定，居高臨下地昭示著苗人的英勇和智慧。它們毗鄰著，緊緊相依，站在一家的窗口就能和另一家頂層的朋友聊聊家常。

山裡的白天似乎來得要遲一些，當第一束陽光投射進寧靜的村寨時，村民們將踱著閒適的步子，互道著問候，開始一天的生活。太陽跑到頭頂的時候，縷縷輕煙開始從縫隙裡飄出來，一縷，兩縷，最後灑滿村寨，全村的吊腳樓上也升騰起浩浩蕩蕩的炊煙，隆重地，悠緩地，升起，盤旋，散去。當太陽在山尖依依不捨地灑下最後一束溫暖的光，楓木的吊腳小樓便展現華麗的金黃。初上的不是華燈，而是燈籠，但是依然閃亮無比，它們足以照亮整條白水河，河水靜靜地哼唱著催眠曲，「安睡吧，苗寨」。

西江苗寨的傳統節日有很多，敬橋節、拉龍節、播種節、吃新節、鼓藏節等等，想必多數是與農耕有關的。其中，13年才逢一次的鼓藏節是最為隆重的。鼓藏節是一種祭祀活動，要歷時3年之久。無法想像，一個要用上千日才能完成的祭祀活動，最初是為了哪般重要的事宜。醒鼓、轉鼓、送鼓，西江的苗民已經把祖宗神靈、現世生活、希冀夙願統統寄託在了一個個神奇的鼓上。在這個可謂漫長的節日中，遊人可以盡情欣賞苗族的各種傳統樂器，觀摩蘆笙的製作技巧，指點品評那些滿布精緻苗繡的民族服飾⋯⋯

也許經過苦難才最富有創造力。古老神秘的苗族先人經歷了無盡的苦難、戰爭、失敗、流亡、遷徙，但這裡的子孫們卻懷著惜福的感念，繁衍生息⋯⋯

朗德上寨的苗族風雨橋，和村寨相得益彰，是山村的另一道風景。

元陽梯田

大/地/的/精/美/藝/術

廣袤、絢爛、神奇，彷彿沒有一個形容詞能形容元陽梯田帶給人的震撼感覺⋯⋯

地理位置
雲南

入選理由
上天的傑作
大地的詩章

元陽位於雲南省紅河哈尼族彝族自治州境內，而元陽梯田就位於哀牢山南麓。哈尼族傳說，大魚創造了宇宙天地和第一對人，男人叫塔直，女人叫塔婆。塔婆生下22個孩子，老三是龍。長大之後成為龍王的老三為報答恩情，向塔婆敬獻了三筒禮物，其中一筒就是稻穀種。

我們無法建議一年中的哪個季節去看梯田是最佳的，因為元陽梯田一年四季皆有美景。哈尼人在每年六月開始插秧，夏日的元陽梯田裡滿眼的青蔥濃郁，一層一層整齊的稻苗乖巧地列著隊形，微風過處，窸窣作響。夏秋之交，梯田的景色是分層的，有的作物已成熟，露出歡快喜悅的金黃；有的還是青綠，滿懷期待地等待著成熟的一刻；有的田裡已經完成了收割，注滿了水，陽光下泛著粼粼的波光；有的旱

田是鮮豔的紅色。各種顏色彙集在眼前，讓人不禁懷疑，是天上的彩虹無意間跌落人間。而冬天，不要以為冬就是肅殺的代表，元陽梯田的冬天也是深情的，經歷了豐收的田野注滿了水，寧靜地雕刻著梯田迷人的美，如彎月，似飄帶。傍晚的時候，燦爛的霞光倒映在田裡，田野瞬間呈現出一幅巨大的水墨畫，自然執筆，晚霞著墨，紅色、粉色、黃色……一切都是自然天成的。隨著天空的變幻，田裡的顏色和光線也不斷變化，像一場彩色影片，令人陶醉。

✤哈尼族可愛的孩子。

也許只有心靈的耕耘才能產生這樣的美景。在哈尼人的血脈裡，梯田遠不止是一種賴以生存的手段。哈尼族有一種「命名禮」，孩子出生時，家人要舉行一種儀式，在院子裡畫出象徵梯田的方格，如果是男孩，就由一個七八歲的男孩用小鋤頭在方格內表演耕種的動作；如果是女孩，就由一個七八歲的女孩在方格裡表演摸螺螄、捉黃鱔的動作。經過這一儀式後，新生兒才能擁有一個正式的名字，成為族裡的一員。

讓我們猜想一下，那個古老傳說中，龍王獻給塔婆的另外兩件禮物是什麼？應該是雨水和耕作的智慧吧。

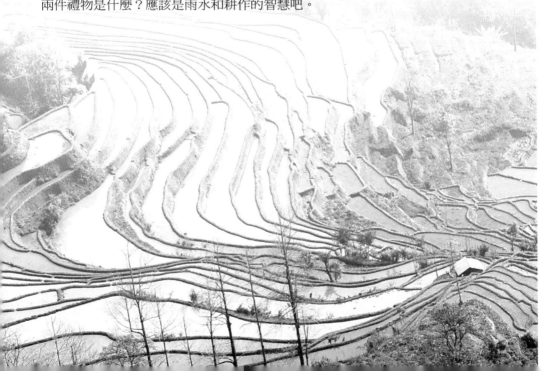

燦爛。又不止是燦爛，還有
一種成熟和豐收的美韻。

羅平油菜花

夢/幻/的/羅/曼/蒂/克

二三月的清靜天穹下，和戀人共乘一輛單車，在金浪翻湧的油菜地裡縱橫馳騁。
花香像深邃的海洋，光影交錯……

地理位置

雲南

入選理由

絢爛的花海

當北方大地還處在冰封雪飄的時候，羅平，這個彩雲之
南的小縣城已經春意盎然了。每年二月底三月初，整
個縣城便飄蕩在一片油菜花的海洋中。漫山遍野金光燦燦，
空氣中蕩漾著陣陣清香。

　　高處必是賞景的最佳選擇，在金雞嶺可以俯視整片羅
平花海。站在嶺上，燦爛奪目的嫩黃色擁擠地闖進視野裡，
起伏的小山丘也被包裹在花海中。陽光下的花朵泛起交錯的
光，如美人閃爍迷離的目光。

　　與嶺上壯美的景觀不同，牛街的花海景象更加細緻精
美。這裡的油菜梯田最有特點，順著山勢圈圈盤旋上升，

青翠如玉的羅平九龍
瀑布，有一種和油菜花
相得益彰的讓人垂涎欲
滴的美。

彷彿是誰給整個山坡穿上一條鑲滿花邊的裙子，令人心曠神怡。

如果你實在抵不住誘惑，大可一頭栽進花海，把自己淹沒在高過人的油菜花裡。你還可以採摘一些花枝做成花冠，在花海裡翩然起舞，蜂蝶的嚶嗡是天然的留聲機。在路邊可以嚐到現採的油菜花蜜，還可以從養蜂人那裡買到新鮮花粉和蜂王漿。這樣的時機可不是隨時都能遇見的，據說，每年有數以千計的養蜂人慕名而來，他們有個特別的名字——春天的吉普賽人。他們會在陽光較好的時候，開來自家的小篷車，搬出蜂箱，招蜂引蝶，自己便閑坐一旁，生一堆篝火，點一袋旱煙。這樣的生活，光是聽著就讓人羨慕吧。

油菜花不僅好看，還是一道美味。在羅平，可以吃到涼拌嫩油菜芽、清炒油菜花。價格很便宜，口味卻獨特。

春光燦爛是一種美，朦朧隱約也是一種。羅平的油菜花還有另一種風貌，初春的早晨是多霧的，有時濃霧像一張密集的紗網將原本黃燦燦的花海徹底掩埋起來。但是，深深地吸一口氣，霧氣裡還有花香。太陽出來了，站在高處，可以看見那些小山丘漸漸露出頭角，閃著金光，蠢蠢欲動，可愛極了。陽光越來越亮，霧漸漸飄舞，散去，還了花海本來的顏色。

如果不是親眼所見，人們大概不會相信這綿延不絕的油菜花海是真有的。感謝造化如此慈悲，讓我們有幸窺探了一斑。亦幻亦真，亦真亦幻，無比浪漫，天堂就在這裡麼？

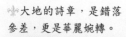
大地的詩章，是錯落參差，更是華麗婉轉。

龍勝梯田

盤/旋/的/龍/之/脊

> 這是田地嗎？不是，分明是蜿蜒匍匐的條條巨龍。這不是田地嗎？分明又是，因為這裡有應時而變的赤橙黃綠，有耕耘，有收穫……

據說，龍勝的梯田最初開墾於元朝。壯瑤先民一定有著藝術家的想像力，不然，怎樣的智慧和心靈才能造出如此美妙絕倫的人間美景？沿著旋轉的盤山公路爬到800公尺，你就可以看見大片的蜿蜒的龍勝梯田景觀了。這是一片規模宏大的梯田群，大大小小，層層疊疊，綿延起伏。

農曆芒種前後，積蓄了整冬的田地蘊藏了勃勃的生機，虔敬地等待著春耕的到來。雲霧繚繞的清晨，陽光還在大山的另一面，勤勞的村民們已陸續地開始耕耘自家注滿水的、明鏡般清透的、映著濛濛天際的田地。當耕牛仰頸呼出清晨的第一聲哞叫，面帶喜悅的耕者如昔地插下第一株秧苗，如鏡的田野

地理位置
廣西

入選理由
最美麗的梯田

125

緩緩蕩開溫柔的漣漪，一縷晨光興奮地噴射出來，映紅了田間野嶺，也映紅了人們的臉龐和期盼的心。此刻，絢爛的顏色和動人的聲響一齊上演了一場梯田春耕秀。

盛夏時節，寄託著殷殷期盼的青蔥秧苗已經茁壯地長開了，它們要用自己的曼妙身姿裝點從山腳到山頂的舞台。暖風拂過，秧苗乖巧地向天地點頭微笑，一排排，一層層……滿眼的翠綠，襲人的芬芳。多麼想自己是一個巨人，擁有這樣一張綠意盈盈的、柔軟的大床，仰身倒下，一直陷到它的深處。又多麼想自己就是個渺小的微粒，仰面觀望，列在面前的是一把通天的綠梯，爬上去，一直通向豐收的彼岸。

秋日，真正的豐收來臨了。黃燦燦的、層層疊疊的美麗讓人窒息，彷彿是巨龍身上散落的片片鱗甲，不，是成堆的鱗甲，金光四射。涼爽的秋風吹過，隨著嘩嘩聲響，四周的金鱗開始抖動，就要落到你的手掌心裡，下雨了，一場金雨。

隆冬的梯田是寧靜的，收割過的田裡灌滿了水，高處的天上縈繞的朦朧水氣，忽而飄揚，忽而靜止，變幻不定。低處的平地上坐落著幾個小木樓，隱隱地透著木質的

紅光，裡面一定也燃著暖暖的炭火，大家圍坐一旁閒話著家常。傍晚時候，餘暉映照在田間，層疊的梯田在夕陽中泛出細膩的光澤……

如此變幻多姿的梯田美景，怎能不讓人留戀？何況在美侖美奐的大造化中，還有些出人意料的小點綴。龍勝梯田有一景叫「七星伴月」，沒有星月何來相伴？這是7個位於山尖的小梯田組成的俏麗景色。山尖不遠處有一座木樓，謂之「攬月閣」，臨閣遠望，確實有種七星相伴的感覺，而那個照耀群星的月亮，就是你了。還有「九龍五虎」，威風凜凜的名號，而龍勝的梯田的確有一種浩瀚的力量，如龍似虎。

在這片浩渺梯田的天下，人們很難找到寬敞的大陸和成片的房屋。站在山頂，幽曲的小徑小心翼翼地鋪到寂寥的家門前。小徑邊也有嫣然的山桃，藤蔓纏繞的老樹，無聲細流的清泉，木樓前梳妝的年輕女子，門檻上坐著的閒適老嫗，歡跳的孩童，起伏的蛙鳴……高遠處是無邊的應時美景，近身旁是寧靜的田園風光，純美如此，夫復何求？

🌸鳳凰沿江的吊腳樓，
氤氳著波影水氣，格外
動人。

鳳凰

水/墨/山/水/裡/的/小/城

一條碧綠的沱江，兩三條古老的青石板小街，一路斑駁的城牆，幾棟依山傍水的吊腳小樓，幾位穿著豔麗苗服的美麗姑娘 ── 鳳凰小得精緻，小得如詩如畫。

地理位置
湖南

入選理由
文人的故里
美麗的回憶

據說世界上有兩個災難深重卻又頑強不屈的族人，他們的歷史，幾乎是由戰爭與遷徙來譜寫的，那就是中國的苗人和分散在世界各地的猶太人。苗人在鳳凰紮下根，每日望著江中疊翠的南華山麓倒影，聽著山間的暮鼓晨鐘齊鳴，苦難過後的奮進造就了他們田園詩般的生活。

走進鳳凰，就像走進了水墨山水畫：碧綠的沱江水從古老城牆下蜿蜒而過；江中，漁舟遊船數點；江岸懸崖上，吊

腳樓輕煙嫋嫋；擺渡碼頭邊，浣紗少女笑聲朗朗，她們戴著精緻的鳳冠和項圈──銀戒指、銀耳環、銀手鐲、銀項圈、銀腰帶。戴銀越多，姑娘就越美；江面上漂浮著幾艘狹長的漁舟，苗家漢子勞累了一天，停了櫓，隨意地坐在船板上歇腳，腳邊自家特釀的美酒，瓶塞未啟，酒香早已遠飄數里……走在沱江邊的小路上，彷彿自己也是畫中的行者。山水是美的，人是美的，心也是美的。

沱江是鳳凰的靈，它靜靜地連接著兩岸的民居。碧綠的江水蜿蜒而去，流向虹橋。虹橋一如其名，猶如一彎長虹橫跨在沱江之上。虹橋建於明洪武時期，是鳳凰現存最大的古橋，如今它也是鳳凰最為繁華的地方。在虹橋右側百尺之處，聳立著一座古意盎然的城樓，俗稱北門城樓，康熙年間始建。如今這裡熙熙攘攘，當地人自豪地展示著自家的特產：尺長的古扇、簡單包裝的薑糖、印著婀娜女子的蠟染，以及各種小寶刀、中國結……沱江水，夾雜著各種各樣的帶著濃濃湘音的叫賣聲，讓你切切實實感到，鳳凰是一個真真切切的煙火小鎮。

鳳凰建築中，最有風情的便是沱江邊的吊腳樓。鳳凰的吊腳樓有兩種形式，一種是依山而建的；另一種就依偎著沱江。其中，臨江的吊腳樓最有風情：飛塔翹角，三面有走廊，向著江心的一面，懸著木質的欄杆，清澈的江水就在腳下流過，青如羅帶。

鳳凰的美，不僅在於水墨畫般的風景，還在於

古老的水車還在轉動，就像許多傳承至今的習俗和美麗。

小船悠悠的鳳凰城。

那裡濃郁的人文氣息。在鳳凰，提起沈從文先生，無人不知，無人不曉。他生在這裡，長在這裡，最後也化為一抔黃土回歸於這裡，把他的一生奉獻給了這片他深愛的土地。

鳳凰沈先生的故居是一座小巧的四合院，迎門而立的是三間前房，內裡有一口天井，邊上環繞著四間廂房，那些青磚、藍瓦彷彿在訴說著那個小男孩的童年。沈先生的墓地也在鳳凰，就在聽濤山麓，很多來鳳凰的人都會去憑弔一番。樹蔭密布的墓地，一塊黃永玉夫婦所立的五尺碑，碑上有一團五彩雲朵，雲朵下面鐫刻著「一個士兵，要不戰死沙場，便是回到故鄉」的銘言。或許這是黃先生對沈老先生一生的詮釋，也是對鳳凰精神的一種詮釋吧。

而來到鳳凰，你的心當然會帶上這樣一股悸動和希望，希望能逢著和沈先生相關的故人，哪怕是那些最有靈性的漁夫，河邊吊腳樓上倚靠待人的女子，抑或是那些無拘玩樂的野孩子……

朱鎔基題寫的「鳳凰城」。

麗江 *Lijiang*

世/外/桃/源/的/追/尋

　　提起麗江，很容易讓人想起馬致遠的《天淨沙‧秋思》。古道、小橋、流水、人家，在白雲悠悠的渲染中，洋溢出江南水鄉的清新秀麗。

　　麗江，這個茶馬古道上的重要樞紐，曾是滇西北的政治、經濟重鎮。穿梭於老街，踩著五花石鋪砌的路面，石上花紋圖案自然雅致，質感細膩，那美麗一直沉澱，深深地印到人的心裡。

麗江城內街道密如蛛網，但無論你怎麼走，最終都會到達四方街。四方街是麗江的中心街，是古城街道的「輻射中心」。四方街雖叫「街」，實際卻是一個小廣場，四四方方，猶如一顆方正的府印。據說，四方街也確實是以印章為模而建的。古代麗江木氏土司為了顯示自己的權力，讓人仿照其印章，建成了一個露天集市，取意「中鎮四方」，即四方街。

　　站在四方街觀望，四周店鋪客棧環繞，沿街逐層外延，整個城就在這層層環繞與延伸中，訴說著縝密而又開放的傳說。大街小巷排列有序，店鋪鱗次櫛比，就這樣人與店，市集與物品糾纏了幾百年。不知是何年何月，古城的青色石板已被磨得光亮，它們或平坦或起伏，或曲折或順勢成坡，歷經世人幾百年的踩踏，依然承載著麗江人的夢。

麗江城北象山腳下的黑龍潭，倒映著旁邊一切美麗的元素。

的骨，水是麗江的魂。四方街
流水，靜靜地在石板下潺潺
奇的是，在這個古城裡穿
，是源於雪山上流下的雪
晶瑩冰霜的意志。它流淌
卻也並不溫柔，而是伴隨
活的節奏，帶著麗江人生命
著無限的靈氣。
鎮的構造就是緊緊圍繞「水」
城鎮引導活絡，有「處處流水，家家
。那些從雪山上流下來的晶瑩的水，很早之前就被
流程：頭一道水是拿來喝的，第二道水是拿來洗菜
可以用來洗衣服，這樣沿著流水而下，古鎮人的生
活被規劃得井井有條，科學而衛生。

塵不沾衣的麗江，
即便不是晴日朗朗，
也有一番風韻。

　　靜靜沿著麗江古老街市逡巡，那流水的清音
一直迴響在你的耳畔。走在窄窄的巷道裡，似乎
漫步在悠長的歷史空間，自己的心緒則在歷史與
現實的交錯中逐漸迷失，不知所往。漫步累了，
找一個臨水的小茶館，尋一個位置坐下，或讀
書，或閒聊，任纖柔柳枝隨風搖曳，襲一身金黃
的霞光，品一杯香濃茗茶，盡情地享受這裡的寧
靜、和平，任由時間奢侈地隨流水在嘩嘩聲中流
逝……

　　待日暮，叫賣聲、喧嘩聲隨著落日的餘暉逐
漸遠去，古老的青石板上，只留下一片潔白的月
光。粗糙的石板，溫柔的月光，你可以用清寥而
孤寂的姿態，找一片安靜而柔和的水岸，靜靜坐
下，看天上的星星明明滅滅，感受空氣中殘留的
納西族人跳動的輕靈飄逸的風韻。一天就在靜謐
而安詳中安歇了。

　　夢裡，麗江帶著淡淡的笑。這裡沒有一輛
車，沒有紅綠燈，只有水聲，只有月光，甚至腳
步聲也被青石悄悄地消解……而行者呢，彷彿已
經醉了，淡淡品著這寂寥而幸福的麗江……

Chapter 03

心潮逐浪高

任思緒飄飛的 **12** 處曠達所在

Paradise

泰山

天/下/第/一/山

泰山，山勢磅礡壯麗，向為帝王封禪祭祀之地。

杜甫《望嶽》：「岱宗夫如何，齊魯青未了。造化鍾神秀，陰陽割昏曉。蕩胸生層雲，決眥入歸鳥。會當凌絕頂，一覽眾山小。」其中的「岱宗」即為泰山。

泰山，位於山東省泰安市，古稱岱山，又名岱宗。其陡峭的山勢、起伏的山峰、幽深的山谷、年代久遠的蒼松、此起彼伏的雲煙，使它在雄渾中不失明麗，靜穆中蘊含神奇。

行走泰山，遇到最多的就是古松了。這些松，有的盤根錯節於岩石縫裡，似蛟如龍；有的屹立於懸崖峭壁之上，如飛簷走壁；有的老態龍鍾，如頭髮銀白的壽星。在對松山或者後石塢，還可看見松海。風起時，松濤滾滾，碧海生波，排山湧入胸懷。

古松中最有名的，為中天門以北的「五大夫松」以及「迎客松」。西元前219年，秦始皇曾在這裡避雨，從而封下五大夫松。迎客松位於五大夫松西面的山坡上，其主幹亭亭玉立，頂冠枝葉茂盛，其中一枝下垂，彷彿在招手迎接賓客，故名迎客松。

松樹之外，在泰山最不能錯過的，就是它的三道天門。一天門石坊，可謂是攀登泰山的盤道起點，建於清康熙五十六年(1717年)，高四公尺，寬兩公尺，樸實大方。二天門又叫中天門，位於東嶽的半山腰，為兩柱單門式石坊。泰山古時多虎，古人在坊北建廟祀黑虎神，廟內現還供有財神趙公元帥執鞭跨虎的塑像。在中天門舉目四望，可將層巒疊嶂的山峰、水光瀲灩的汶河盡收眼底。最妙的是在此抬頭看十八盤，如雲梯一樣懸在半空，讓人拍案叫絕。三天門即南天門，是登山石階的盡

🌸泰山腳下的挑山工，甚至傳承成了泰山的一道風景。

🏔 地理位置

山東

✋ 入選理由

迎客松

日出

頭，建於元朝中統五年(1264年)。在南天門，漫步在天街玉欄石階，如遨遊仙境，飄飄欲仙。

穿三天門向東不遠，就可觀岱頂奇觀之一，泰山日出。雲霧彌漫的早晨，當東方漸成金黃色，一輪紅日徐徐上升，山巔雲海間便銀波澎湃。如果是6～8月分，還可看到縹緲雲霧中隱現的內藍外紅的光環，與佛祖頭上五彩斑斕的光環極其相似，因而被稱為「佛光」或「寶光」。

除了佛光，別具風情的是泰山的四季。如果春天來泰山，紅的桃花、白的杏花、金黃的迎春柳次第開放，競相爭豔。遠看泰山，簡直就是一座姹紫嫣紅的花山。夏季的泰山，特別是晴空萬里的日子，山間，是滿目青翠。當微風起時，對松山一帶松濤陣陣，有如天籟之音。秋天的泰山，黃櫨、五角楓、花楸葉紅似二月之花；銀杏、紫椴葉黃燦如金；松柏不凋，依然蔥郁青翠。紅黃綠相間，讓泰山成了一個溢彩流光的世界。泰山的冬天，陽光下，山坡上的皚皚白雪，光彩奪目。更妙不可言的，是遠處的那綠樹、紅牆、黃瓦，它們與白雪交相輝映，給泰山增添了更多詩情畫意……

厚厚的雲層就在腳下鋪展，初出的朝陽染紅眼前天際，泰山日出的浩大氣勢令目睹者無不動容。

黃果樹瀑布

水/墨/丹/青/畫

瀑布如緞帶飛流直下，翻岩噴霧，激蕩出無限的豪情……

黃果樹瀑布位於貴州省。沿濕潤布滿青苔的石板路拾階而上，就會見到黃果樹一幅集山、水、瀑、洞、峰、林為一體的水墨丹青畫：山巒此起彼伏，青翠茂密；流水潺潺不絕，聲聲如天籟之音；翠竹蔥茂，芭蕉漫不經心地盛開；最後就是一條白色的緞帶飛流直下……

黃果樹瀑布高77.8公尺，寬101公尺，遠看大瀑布，可謂是「搗珠崩玉，飛沫反湧，如煙霧騰空，勢甚雄厲」。如果拾階前行，走到瀑布腳下，可見一潭碧水清澈見底。傳說，遠古時候天上突然裂開一條縫，九天銀河中的一截傾瀉而下，掉到地上，碎成幾十段。其中最大的一段掛在懸崖上，變成了黃果樹大瀑布。那些小段的，就變成了大大小小的瀑布群。

黃果樹素有「天下奇景」之稱的犀牛潭，美麗異常。水流從60公尺高處的懸崖飛跌而下，直入潭底，潭水怒騰翻升，水流噴濺的水花如玉、如雪、如珍珠……如果麗日當空，在陽光的折射下，瀑布會銀光閃閃，一抹絢麗無比的彩虹斜掛，美不勝收。

在黃果樹瀑布，最不能錯過的景致是水簾洞。水簾洞位於黃果樹瀑布40～47公尺的高度上。沿著一條滑膩的石梯小路盤旋而上，簡直就是行走於天堂之路，當走到黃果樹瀑布的背面，水簾洞就會呈現於你眼前。

水簾洞全長134公尺，包括6個洞窗、5個洞廳、3股洞泉和6個通道。置身於洞中觀瀑，如置身於流水之中。水簾洞裡，如霜淇淋似的鐘乳石隨處可見。由於洞內濕霧如雲雨，緩緩前行時，身邊可謂是雲霧迷濛。從洞窗望去，近在咫尺的黃果樹瀑布如一幅天然的國畫，鑲嵌在層次分明的畫框中，綠色的為青藤和芳草，奔騰的是水流。最妙的是，把手一伸，就可將瀑布握在手裡。那清涼的水，會讓你通體透徹，雜念皆無。再遠處，是千姿百態的溪流、溶洞、奇峰、石林、古榕、竹林，它們與瀑布交相輝映，構成了竹林依依、山澗淙淙的綺麗景觀。

自水簾洞回到觀瀑亭，俯瞰著黃果樹瀑布，陣陣瀑聲如萬鼓擂響，驚天動地。此時，除了震撼，所有的語言都蒼白無力。

❀如果盛夏時節來黃果樹，不僅可以看到美麗奇觀，還能消閒避暑。

華山

奇/險/秀/麗/的/西/嶽

華山奇峰高聳、絕壁如削，是「奇險天下第一山」。

🏯 **地理位置**

陝西

🎖 **入選理由**

最險峻的山峰
流光溢彩的紅葉

有西嶽之稱的華山，位於陝西省華陰市境內，為大西北進出中原的門戶。如此險峻的華山，卻是由一塊巨大的花崗岩體構成的，據說可追溯到1.2億年前。

華山由東、西、南、北、中五峰組成。其中，主峰有南峰「落雁」、東峰「朝陽」、西峰「蓮花」三峰。由於三峰鼎峙而立，懸崖峭壁無處不在，人稱「天外三峰」。而由於氣候多變，華山又會形成「雲華山」、「雨華山」、「霧華山」、「雪華山」等各具特色的美麗景觀。

華山向為神州九大觀日處之一。朝陽峰為華山主峰之一，海拔2100公尺，林木蔥蘢，奇花異草俯拾皆是。它的朝陽台，是觀看雄渾奇偉日出的最佳地點。清晨，當天邊漸漸露出魚

✱雪後的陡峭，如仙境之域。

肚白，風一點點地退去，華山的峰巒就會次
第露出它們的真面目；接著，遠處的天空會變
得橙紅，雲彩在光的照射下顯得異常
瑰麗。最後，天際更紅
了，在與雲彩不停地
糾結中，太陽不再半抱
琵琶，終於自喧鬧的紅霞中
激湧而出。

於是東望群山，山嶺、松林無不被染上金黃的光芒……

華山的絕美不僅在於它的日出，那潔白如雪的雲霧，更是
將華山裝點得如詩如畫，帶上一種蒼涼而華麗的意境。

如果說五嶽中華山最險，那麼，華山之險，則在於千尺
幢。在千尺幢，372個台階斜斜地從崖底直通崖頂。由於石級
只能容一個人上下，所以兩旁掛著鐵索。在這裡，偶爾向上
看，蒼天彷彿伸手可及；往下看，則如立於深井上，你可體會
到什麼叫險象環生。

「停車坐愛楓林晚，霜葉紅於二月花」。華山固然以奇
險著稱，可是讓它更流光溢彩的，卻是紅葉。華山的紅葉種類
繁多，以黃櫨、五角楓、元寶楓、三角楓為主。每當紅葉遍山
時，一叢叢，一簇簇，與鬱鬱蔥蔥的杉松、灰白的花崗岩山體
交相輝映，整個華山變得分外妖嬈，如一個五彩錯綜的魔咒。
而欣賞華山紅葉，最好則是在秋天。

這就是華山，它可能比你想像的要美好的多……

壺口瀑布

黃/河/第/一/大/瀑/布

驚濤拍岸，聲撼九霄；浪花飛濺，水霧迷濛。

地理位置
陝西

入選理由
壯麗的濤聲
奇絕的冰凌

黃河從源頭到東海，一路洶湧咆哮，留下了眾多氣勢恢弘的奇觀壯景。其中最為著名的，就是壺口瀑布。

位於陝西省宜川縣和山西省吉縣交界處的壺口瀑布，處於黃河中游。黃河水奔騰在晉陝峽谷間，經兩三百公尺寬的河床內滾滾南流，在宜川地方河床突然變窄，驟縮至50公尺左右，河水就跌入了三四十公尺深的壺型峽谷——一時間，浪花飛濺，水霧迷濛，形成蔚為壯觀的壺口瀑布。

「秋風卷起千層浪，晚日迎來萬丈紅」。站在壺口瀑布前，聽著瀑布震天的吼聲，任何人心中都會湧起無限感慨。如果陽光直射，壺口瀑布的彩虹會隨飛瀑起舞，形成綺麗景象。

而春天來到時，還可以欣賞到絕美的冰凌滴水。春季冰雪解凍，一道道冰凌猶如水晶簾。最讓人震撼的是，滴水聲是那樣驚天動地，任何人聽到，都會驚歎自然的神奇偉大。

壺口瀑布的美一旦彌漫開來，是那樣地讓人沉醉，流連忘返……

當嚴寒來臨，瀑布一夜間就會形成冰掛。而水流又漫流其上而下，奇特景觀難得一見。

野花彌漫，放馬草原，是讓許多人豔羨的場景吧！

輝騰錫勒草原

瑰/麗/多/姿/的/印/象/畫

無論是想體驗遼闊意境，還是要騎馬馳騁大草原，或者在碧草花海中感受無邊的閒適，輝騰錫勒大草原都可以讓你如願以償。

輝騰錫勒草原位於烏蘭察布盟察右中旗中南部。輝騰錫勒，蒙語意為「寒冷的高原」。雖然如此，草原卻降水充沛，土地肥沃。

每到夏季，輝騰錫勒就是一瀉千里的草原印象畫卷圖。碧透的天然湖泊，蒼翠欲滴的芳草，姹紫嫣紅的野花，遙相呼應。

但對於初到草原的人來說，最亮麗、最誘人的還是蒙古人的傳統居所——蒙古包。蒙古包古稱「穹廬」、「氈包」或「氈帳」，頂上和四周被一至兩層厚氈覆蓋，包門朝南或東南開。進入包內，首先讓人眼前一亮的，是別具特色的哈那（圍牆支架）、天窗、椽子和門。其次，就是正對門的矮桌，以及鋪上毛毯就能睡覺的台子。

在草原，草原之夜是美麗動人的。晚飯後，你可以欣賞熱情奔放的蒙古族歌舞，也可以獨自散步。當你信步於地毯般柔軟的草地上，深深呼吸草原混合著泥土和鮮草芳香的空氣時，你怎會不感覺心曠神怡呢？

地理位置
內蒙古

入選理由
青青的芳草
熱情的姑娘

✿金光彌漫的呼倫貝爾草原牛羊成群，靜穆甜美。

呼倫貝爾草原

綠/色/淨/土，北/國/碧/玉

藍藍的天空，潔白的雲朵，健碩的牛羊，和風拂面，花香撲鼻……來呼倫貝爾大草原吧，你會體會到《牧歌》中的瑰麗景色。

地理位置
內蒙古

入選理由
綺麗的蒙古包
綠野中點綴鮮花

呼倫貝爾是內蒙古草原上最為秀美的一片，草場、森林、湖泊、河流遍布，遼闊無邊的茫茫綠野像一條繡著花紋的大地毯，柔軟細膩。

呼倫貝爾草原位於內蒙古呼倫貝爾市，因呼倫貝爾湖得名。呼倫貝爾湖指的是呼倫湖和貝爾湖，是美麗的湖泊群落。呼倫和貝爾是姊妹湖，她們是草原上兩顆璀璨的明珠。湖區水草肥美，物種豐富，孕育了美麗的草原。

呼倫貝爾草原是世界上最為優質的草原。這裡是蒙古族的發源地，這個勇敢健壯的民族世代與草原為伴，和諧地與它共生共榮。偉大的英雄成吉思汗曾經在這片土地上馳騁縱橫，攜領千軍，造就了一段輝煌歷史。

浩瀚的大興安嶺無私地守護著西側的呼倫貝爾大草原和東側的松嫩平原。森林覆蓋著的大興安嶺由北向南，縱貫於中部，成為呼倫貝爾東西部的天然分界線。也許是受了茫茫林海的細心呵護，呼倫貝爾大草原保持了它純淨無瑕的綠色。在這片淨土上，生長著上千種植物。營養豐富的牧草為牧區人民提供了充足的衣食保障，同時還形成了不同特色的植被景觀。盛夏時節的草原，是花草的盛會，各種不知名號的花兒競相綻放，點綴著那一片翠綠。此時的草原，鳥語花香，駿馬嘶鳴，爽朗無比。清脆的陽光下，駕一匹駿馬，逗一片豪情，放肆地奔跑，任飄香的清風撩起飄舞的秀髮，人生若能常如此，愜意！

夏日的夜晚，草原的夜空綴滿了快樂的星星，它們眨著眼睛，遙望點點蒙古包；篝火旁，熱情的牧民喝起酒，唱起歡樂的歌曲。歌聲、掌聲、風聲，匯成一首草原的歌：「美麗的草原我的家，風吹綠草遍地花，彩蝶紛飛百鳥兒唱，一彎碧水映晚霞。駿馬好似彩雲朵，牛羊好似珍珠撒。啊，牧羊姑娘放聲唱，愉快的歌聲滿天涯，牧羊姑娘放聲唱，愉快的歌聲滿天涯……」

草原旅遊區內河邊的勒勒車。勒勒車是草原上傳統的運輸工具。

巴音布魯克

天/鵝/湖/邊/的/美/麗

秀美的草原上泉水隨處可見，彷彿大地浸在水中；夏季天鵝湖裡有優美的天鵝；
那達慕盛大歡快的表演令人流連忘返……

乾隆年間，蒙古土爾扈特部在首領渥巴錫的帶領下從俄國歸來，清廷把一片水草肥美的土地賞賜給了他們，那就是巴音布魯克草原……

雪山環抱的巴音布魯克，是天山南麓一片肥美的草原，充沛的冰雪融水和應季的雨水滋潤了草原上的生命。這裡生活著蒙、漢、藏等多個民族。而這裡的「那達慕」充滿了民族風情。

「慕」是蒙語中娛樂、遊戲的意思。每年農曆六月開始的那達慕，是蒙古族人表達豐收喜悅的慶祝活動，期間要舉行大規模祭祀：經幡懸掛的敖包外，喇嘛們身穿袈裟，手執法器，在燃著的燈前唸經，祈求神靈保佑。信徒們穿著盛裝在周邊排成長隊吟誦經文，互相祝福，這是「祭敖包」。如今的那達慕大會，內容豐富，摔跤、賽馬、射箭、下棋等民族傳統活動必不可少；此外，還有田徑、拔河等體育競賽項目和一些精彩的民間表演。傍晚時分，無垠的青綠草原上，蒙古包亮起點點的燈火。熾烈的篝火旁，馬頭琴聲韻悠揚，年輕的姑娘和小夥子翩然起舞，歌聲、笑聲連成一片，非常熱鬧。

和人群的熱鬧形成鮮明對比的，是距區政府約60公里的巴音鄉西南部的天鵝湖。這是由眾多相互串聯的小湖組成的大塊沼澤地，棲息著中國規模最大的天鵝種群。每年，天鵝等候鳥秋去春來，把天鵝湖當

❀草原濕地上棲息的天鵝在展翅飛翔。

成了永久的和平家園。傍晚，天鵝們把小巧的頭顱掩藏在翅膀
下，在水面上、草叢中和湖邊靜靜地睡去。清晨，遠處的蒙古
包開始升起嫋嫋炊煙之前，湖中的鳥兒們就開始晨練了。天鵝
在湖中梳理潔白的羽毛，雲雀在枝頭唱起嘹亮的歌曲，草原在
鳥兒的合唱中漸漸甦醒過來，羊群由遠及近地出現
在視野中，馬兒也開始奔跑。在巴音布魯克，牧民
把天鵝看作是幸福之鳥，不能隨意射殺。在一些牧
民家中，你還能看到人和鳥和睦相處的場景。

　　巴音布魯克境內的鞏乃斯森林公園是旅遊避暑
的好去處。這片面積巨大的森林位於鞏乃斯河上游
海拔兩千公尺左右的地方。林區有澄澈的湖泊、成
片的松樹、豐富的物種，湖中倒映著遠處的雪山。
遊覽完畢，租一匹健碩的馬前往林區內著名的阿爾
先溫泉泡一泡，是一個不錯的選擇。

　　美麗的巴音布魯克，用綠草、青山、潔白的蒙
古包和寧靜的天鵝湖守護著各種生靈。時而安寧，
時而歡快……都是美。

✣草原上悠閒地吃草的
馬兒。

✣草原夏季牧場風光。

祁連山草原

溫/情/的/色/彩

「天之山」祁連山下的連片草原，溫情動人。在這裡，有山間不太分明的四季輪換，「祁連六月雪」的壯美奇觀……

在 2005年，祁連山草原因「交融之美」被評為中國最美的六大草原之一。《牧馬人》等多部電影就是在這裡拍攝的。

高聳入雲端的祁連山脈，綿延地向人們展示著奇特的高山冰川風景。雪線上下截然不同的景觀，展現了大自然的神奇造化。冰川雪山的融水加上季節降雨使得祁連山間河流眾多，豐富的水源造就了草原的勃勃生機。

❀草原上可愛的馬鹿。

大馬營草原位於燕支山和祁連山之間的盆地。平坦的草原，一眼可以清晰地看到祁連山山頂茫茫的積雪。每年春天，山上尚還披裹著銀裝，草原上就蕩漾起一望無垠的金黃油菜花。微風吹過，襲來陣陣的香氣，像浩瀚的江水，勢不可擋。潔白的羊群、棕色牛馬隱現在金燦燦的花叢中。大馬營草原從西漢起就是皇家馬場，現今，著名的遠東第一大牧場山丹軍馬場就建在這裡。

祁連山下的肥美草場不止大馬營草原一個。四季分明、風調雨順的夏日塔拉草原，草皮茂盛，是歷史上多個草原部族可汗的牧場，又名皇城草原。東鄰氣候溫和的燕支山，鋪滿山崗的銀白色哈日嘎納花綿延著從山脊一直連到山下的夏日塔拉。每當夏季來臨，滿眼的金黃把夏日塔拉草原變成了一個名副其實的「金色草原」。古舊的皇城遺址綴在一片絢爛的色彩中，

閃著夢幻的光芒，彷彿童話中的殿堂般迷人。

　　草原上的野生植物遍布足下，鮮嫩的野生蘑菇是草原牧民的日常食品。遠方來的遊人若能在牧民家中吃上一口滑嫩的蘑菇，香鮮幼滑的感覺一定讓人念念不忘。

　　在當地人眼中，祁連山草原是世界上最美麗的草原。環顧四周，遠方如絲紗那樣柔美的祁連山雪，薄薄地覆在妖嬈的山頂，像冬日初雪裡的一頂小帽；緩緩地幻化出的飄搖霧氣，像輕盈的絲帶，飄灑在不遠的空中；近旁，秋天微微泛黃的草葉，滿山坡上星星點點的牛羊……跌宕綿延的草原像大地母親的溫柔臂彎，一直延伸到天和山相接的角落。

　　豪放英勇的牧馬人，揚鞭奔馳在茫茫草原，他也應該懷抱著一個遙遠的夢吧。而回首中注視的矮矮帳篷裡，必定是他不忘的牽掛。

　　在四季變化的色彩中，在嫋嫋炊煙、悠揚琴聲、噠噠馬蹄聲中，草原的無限美麗像慢慢鋪展開的盛大地毯，壯美又溫柔。

🏔地理位置
甘肅/青海

🖐入選理由
祁連山的雪
金黃的油菜花

🌸祁連山腳下的絲綢之路。到了這裡，心中將有無窮的純淨。

沙漠晚霞中的駝隊。似乎
能聽到悠揚的駝鈴聲。

巴丹吉林沙漠

沙/漠/珠/峰，漠/中/江/南

它令人畏懼，又令人歡喜。它擁有沙漠裡最偉岸的高峰和噴湧不息的泉眼。安靜的夜晚，你能聽到它哀怨的沙鳴……

🏔 地理位置
　內蒙古
👑 入選理由
　駝隊 沙漠中的
　泉眼、青綠

巴丹吉林沙漠是中國最美的五大沙漠之首，位於內蒙古阿拉善盟境內。約5萬平方公里的沙海中，有1萬多平方公里至今還沒有人到達過。

巴丹吉林沙漠中處處可見高大的沙山，最高的相對高度有500多公尺。這些由流沙堆積成的高大山峰是如何形成的？人們眾說紛紜。有種說法認為，水是沙山形成的關鍵所在。雖然是沙漠，但是並不缺水。巴丹吉林沙漠中的湖泊有100多個，一些湖的中央還有不斷噴湧的泉眼，泉眼的四周有常年累積形成的鈣華。因為有了水，沙漠就不再是不毛之地，簇簇青草，似調皮的孩子散落各地，讓沙海充滿著生機。

夕陽下，人影在龐大的沙體中變成了一個個細長的形體；遠去的駝隊在身後留下一溜模糊的痕跡 —— 遠了，像大海中的一葉葉小舟，搖晃著前行……

火焰山

火/山/綠/壑

話說，大鬧天空的齊天大聖來到了太上老君的煉丹房，吃了老君的不死仙丹，闖下了大禍。丹爐中的大聖左右翻踢，丹爐傾倒，一塊爐磚從中跌落，帶著滾滾的火焰，落到了吐魯番，於是形成了「火焰山」。

火焰山是吐魯番盆地中央一條綿延上百公里的紅色山峰，山體由紅色的沙礫和岩石構成。盛夏時節，紅色山岩在強光的照射下，反射著刺眼的白光，四周山體不生一毛。白晃晃的光影裡，蒸騰的熱氣絲絲縷縷，酷熱的感覺，就像一團碩大的火焰在身邊燃燒。「一片青煙一片紅，炎炎氣焰欲燒空」。置身夏日的火焰山，確實需要很大的勇氣。在這裡，翻滾的熱浪一層勝過一層，無情地炙烤著每一寸肌膚，每前進一步，都是巨大的挑戰。不過，你可以欣賞一下路邊的土雕來轉移一下注意力，附和《西遊記》的情節而雕刻的唐僧師徒取經像，倒也唯妙唯肖，令人讚歎。

　　夏季的火焰山嚴酷，冬季的火焰山則另有一番情趣。火焰山彷彿是蔚藍天際中一座停滯的雕塑，薄薄的白雪掩蓋不住噴薄而出的火紅。暖暖的日光投下微弱的影子，切割般的山體散發著冷峻。

　　在這片看似嚴酷的土地上，卻處處蘊藏著令人驚歎的景致。高聳的懸崖上有的開鑿了洞穴，多的有上百個。站在洞前，一面看著千手百臂的眾佛彩繪，一邊臨著滿眼的火紅氣焰，一時間有種時空錯位的感覺。火焰山下的柏孜克里克千佛洞歷史悠久，展現給世人的是千雕萬琢的洞窟藝術和內容豐富的佛教壁畫。在佛教盛行的時代，千佛洞石窟群異常繁盛。在伊斯蘭教流行的時候，千佛洞曾遭受過致命的摧殘。今天，還清晰可見洞內佛像上的筆筆劃痕。

　　滄海桑田。火焰山形成於喜馬拉雅造山運動

地理位置
新疆

入選理由
大漠中的奇妙山體與美麗的綠蔭

火焰山下的絲路古堡，有著阿拉伯風情的圓頂。

✿美麗的維吾爾族姑娘在火焰山下騎著雄健的駱駝走過。

期間。1億多年前，火焰山所在之處應該是一片水流充足的濕地，今天的火焰山上遍布的就是一道道河流切割形成的深溝巨壑，這裡藏著火焰山最美的景色。

葡萄溝，一個像它的名字一樣美麗的地方。走過一條樹蔭滿布的小徑後，滿眼的葡萄就出現了。道路兩旁綴滿了大串小串的葡萄，陽光下一片晶瑩剔透。平坦的小路上，一輛一輛平板馬車，叮噹叮噹，車上載著的是一筐筐收穫的葡萄，趕車的維族老人滿臉笑容。

桃兒溝是吐魯番縣城邊上的一個桃林成片的地方。在桃兒溝，幾乎每家門前都有一個小桃園。傳說中，孫悟空撲滅了火焰山的大火之後，師徒四人疲憊不堪，於是大聖從花果山調來了美味的仙桃，吃完之後，就順手把桃核扔在了附近，來年，這裡風調雨順，長出了成片的桃樹，遂取名「桃兒溝」。

蒼茫浩瀚的紅石，起伏綿延的山體，是炎熱，是躁動；深陷的綠色溝谷，飄香的果園，是沁涼，是香醇；湛藍的天空，絲絲縷縷的白雲，是清爽，是悠遠。色彩的碰撞，觸覺的相斥，一切似乎矛盾，卻又奇跡般地融合在同一片天地中。也許有單調，但更多的是壯美和神奇。

✿溝溝壑壑的火焰山，是古老的印記，也是造就它的奇特的所在。

火焰山周圍如焰火般
通連一體的顏色，壯闊
恢弘。

塔里木河

胡/楊/林/的/生/命/樂/園

塔里木河默默地孕育了盆地、山坡、草甸和樹林。水量豐沛的時節，陽光下，遒勁的胡楊泛著倔強的光芒，透露出生命的堅持。

在 新疆地區中部，茫茫塔克拉瑪干大沙漠的北部，蜿蜒著一條生機蓬勃的內陸河——塔里木河。塔里木河是中國最長的內陸河流，它位於天山腳下，帕米爾近旁，南靠崑崙山、阿爾金山。100多平方公里的流域，佔據了塔里木盆地的絕大部分，是塔里木盆地各種生命的保護傘，是一條「生命之河」。

塔里木河流發源於無邊的沙漠。它的三條源頭河葉爾羌河、和田河、阿克蘇河的河水，是天山和崑崙山的冰山融水，水流受氣候影響很大，加上流經的絕大部分區域是沙質土壤，使得河水很不穩定。歷史上的塔里木河道幾經改變，有時和北面的孔雀河匯流注入羅布泊，有時注入南面的台特馬湖，像一

塔里木河，給一片沙漠帶來了如許的生機。寬闊的流域，教人怎麼也看不出它是行走在沙漠中。

匹「無韁的野馬」。就是這匹無韁的野馬，在中游地區形成了一片寬闊的沖積平原。

塔里木河流域內生長著大面積的胡楊林，是茫茫大漠中一道獨特的景觀。上億年的演變輪迴裡，胡楊樹練就了耐寒、抗鹽鹼的鋼鐵身軀。它是地質學家眼中的「活化石」，是藝術家心中的生命之美，是旅遊者眼中的綠洲希望，是新疆人心中的英雄樹。年年歲歲，河水乾了，滿了，又乾了，胡楊樹們堅強地守候，迎來來年的豐盈。它們挺拔的樹幹能夠儲備充足的地下水，地表水乾涸的時候，軀幹的水源源不斷地輸送到每一根枝、每一片葉。雨季的胡楊林裡，有駱駝、馬鹿、黃羊、兔子、小鳥……熱鬧無比。

從空中俯瞰塔里木河，胡楊點點分布。

寬廣的塔里木河流域上分布著一片綠洲，那是維吾爾族的搖籃。這裡有豐收的果園、連片的棉田、成群的牛羊。熱情的維吾爾人民，用芳香的美酒、甜美的歌聲、樂觀的心態，回饋寬容的塔里木河。

寧靜的時空中，神秘的塔里木河走過沙漠的死寂，經歷田園的生機，在大起大落中演繹著生命的多姿多彩。

🏔️ 地理位置
新疆

✋ 入選理由
如火的胡楊
沙漠中的綠洲

塔克拉瑪干沙漠

迷/失/死/亡/之/海

神秘的塔克拉瑪干,浩瀚無邊。蜿蜒各異的沙丘,紅白山上的和田河秋色,深秋裡絢爛如歌的不朽胡楊,河灣沿岸的綠色長廊……一切是那麼富有神奇色彩。

地理位置
新疆

入選理由
鏗鏘的胡楊 海市蜃樓的奇景

塔里木盆地中央的塔克拉瑪干沙漠,是中國最大的沙漠。方圓30多萬平方公里的大沙漠,長久以來給人一種畏懼感。在維語中,「塔克拉瑪干」的意思是「進得去,出不來的地方」。酷暑時期的沙漠炎熱難耐,降水稀少,蒸發很大。在這裡,經常出現「海市蜃樓」的景觀。而強烈的風,形成了沙漠中大面積的流動沙丘。放眼望去,如群蛇彎曲的沙漠表面,令人心生敬畏。

但是,在這樣的絕境中,還是有生命景觀的。高山環繞的沙漠裡,蜿蜒著幾條大河,河流兩岸生長著成片的胡楊和檉柳。這些堅強的植物,披著粗糙的外皮,孜孜以求地生長。縱貫沙漠的和田河兩岸是最為繁盛的生命樂園,野草、灌木、野生動物……為這片死亡之海增添了一抹亮色。據最新的考察,沙層下還蘊藏著豐富的水和礦藏。這證明,沙漠不必是生命的禁區。在沙漠中,越是頑強的越是美麗,尤其是偉岸的胡楊,「生而千年不死,死而千年不倒,倒而千年不腐」。在秋天,燦爛的金黃是胡楊奔騰的生命顏色。在藍天的籠罩下,它在淺淺的河水中映出溫柔的影子。遠處層層迫近的沙線點綴成安靜的布景,彷彿是眾多胡楊盆景擺放在悠遠的時空中,滄桑、堅

塔克拉瑪干沙漠腹地如火的胡楊。

韌，演繹著生和死的協調。

在塔克拉瑪干，絲綢之路遺跡應該是最有意義的景觀。一百多年前發現的尼雅古城就是絲路的一處重要遺址，曾出土了中國東漢時期的印花棉布和刺繡。可以想像，很久以前，這片「死亡之海」上曾有一段輝煌的古文明。

如此絢麗神奇的塔克拉瑪干，引來無數勇敢的探險者。從秋天到第二年的春天，是沙漠中風沙較少的季節，這時，乾枯的河床成為行進的大道，探險者就會來尋找一種難得的享受。

站在高處眺望，浩瀚的塔克拉瑪干沙漠在蒼茫的天空下無限延伸；和田河兩岸的胡楊在陽光下泛著濃厚的金黃，如兩條寬大的金色絲帶向遙遠的天際延展。河水退卻的河床上，灰色的河沙反射著秋日夕陽的光，閃閃灼灼。這樣的秋季大漠美景，可能唯有在塔克拉瑪干才能目睹。

向上挺直的胡楊，有著讓人肅然起敬的精神。

Chapter 04

天地奇美，天地情殤

讓心靈回歸寧靜的 **29** 處朝聖地

Paradise

喀納斯湖

上/帝/的/後/花/園

喀納斯湖，不僅有藍如寶石的湖水，湛藍的天空，蔥蔥蘢蘢的柏樹林，繁茂遼闊的草場，而且有神出鬼沒的湖怪——如上帝的後花園，即使天使飛過，也會顧盼流連。

納斯位於新疆北部，布林津縣境內。在蒙古語中，「喀納斯」就是「美麗富庶、神秘莫測」的意思。

形如彎月的喀納斯湖，南北長24公里，東西寬1.6～2.9公里。在湛藍的天空下，喀納斯湖水藍如寶石，碧波蕩漾，周圍山峰則是峰巒疊嶂，高聳入雲。峰頂上銀裝素裹，山坡森林密布，一片蔥綠。這一切倒映於湖中，構成了一幅異彩紛呈的美麗畫卷。人行其中，能夠深深地體會到元代耶律楚材所描寫的「松檜參天，花草彌谷。群峰競秀，亂壑爭流」的純然意境。

喀納斯湖是如何形成的呢？事實上，發源於喀納斯冰川的喀納斯河，一路穿過崇山峻嶺奔騰而下，在流入這個豆莢形的凹陷湖區之後，就變得異常平緩而溫馴，像一片汪洋。

在喀納斯，能將絕妙美景盡收眼底的地方，是觀魚亭。那一平如鏡的藍色湖面，一片片綠色的林海，在太陽霞光的映襯下，風姿綽約，無限迷人。

雲海佛光是喀納斯不能錯過的景致。在上午9時左右，登上雲霧頂部的山峰遠眺，可見湖西山谷的雲霧中，慢慢出現一個半圓形的巨大彩色光環，有赤、橙、黃、綠、青、藍、

❀喀納斯挺拔纖瘦的白樺林，如水墨畫般吸引人。

紫多種色彩。隨著雲霧的濃淡變化，光環也會變化萬千。

金秋時節七彩的喀
納斯。

　　如果春天來喀納斯，就可見銀白色的樹幹密密匝匝地托
舉著黛青色的樹冠，白色銀白，青色純青，與藍天白雲相互輝
映，形成一派清純濃郁的大好風光。到了深秋，站在高處遠
眺，則可見漫山的樺葉，有的金黃明亮，有的丹紅似火。行走
其中，恍如置身於北歐大陸或俄羅斯的林野。

　　提起喀納斯湖，很多人都會想起月亮灣。因形如月牙而得
名的月亮灣，可以說是喀納斯湖最靚麗的一張名片。湖水碧藍
清澈，湖面靜如處子。據說，月亮灣會隨喀納斯湖水變化而變
化。但人們最感興趣的，是傳說中嫦娥奔月時留下的一對光腳
印。不管是真是假，遊人到此，無不駐足，為碧綠寧靜的月亮
灣折服。

　　整個喀納斯湖，就是一個人間罕見的世外桃源，一個絕代
風華的美女。相信任何人來這裡，都會為它那一湖人間少有的
景色深深迷醉。

🏔 地理位置
　新疆
👑 入選理由
　月亮灣
　最純藍的水波

碧清的池水，青翠的山坡，
山坡上是西王母廟。

天山天池

美/麗/的/天/山/明/珠

如果你想忘記塵世間的煩憂，那麼就來天池吧。

地理位置
新疆

入選理由
冰雪融水
人間瑤池

位於天山東段最高峰柏格達峰山腰的天池，平面海拔1980公尺，素有「瑤池」之稱。天池雖然不在天上，卻是人間少有的絕色風景。在這裡，抬頭遠眺，不僅可見連綿起伏、高聳入雲的山巒，峰頂林立的冰川與皚皚積雪，那晶瑩的湖水、漫山的野花，更會帶你進入一個純淨的世界。

天池距烏魯木齊約有110公里。從烏魯木齊出發，先可進入石門。石門如兩扇打開的門板，峽內崖聳谷深，十分奇險，又稱石峽，在石峽中抬頭，只見兩側山峰鬼斧神工，石壁赭暗，如同鐵鑄，石峽因此而得名「鐵門關」。從飛機上俯視鐵門關，則是一派峭壁懸天、水旋路轉、浪花飛濺的自然景觀。

傍著山路，蜿蜒曲折而上，沿途時而是斷崖峭壁，怪石嶙峋；時而林幽澗曲，花香鳥語；時而溪水潺潺……這些都讓人感覺置身人間仙境。那是天池的水形成的溪流，清澈又感人，

不時地擊著岩石，蕩起雪白的浪花，讓人心曠神怡。就這樣一路向前，當路的右側忽現出一個方圓幾十公尺清碧玲瓏的小圓池時，就到了「小天池」了。

小天池又叫玉女潭，據說是西王母洗腳的地方。雖然它不能與大天池相提並論，卻別有一番宜人的景色。池水清澈幽深，四周塔松環抱。最動人的時候，是在皓月當空的晚上，清澈幽深的湖和風姿綽約的塔松、皓潔的月光交相輝映，就是如夢如幻的「龍潭碧月」。

✿ 湖邊燦燦的油菜花彷彿讓人覺得到了江南小鎮。

沿小天池前行，登上寬大的坎壟，大天池豁然於眼前。據說，大天池是「王母娘娘的梳妝鏡」，因而，大天池有「天鏡」的美稱。

在天池，讓人感覺心神俱爽的，是天池的水。那是冰山上流下來的雪水，是大自然的恩賜。它清澈如鏡，晶瑩剔透，冰清玉潔。站在湖邊，人們每每會感到一陣清意從水中升起。用手捧水入口，則如瓊漿玉液般清涼爽口。最美妙的是，從不同的角度看天池的湖水，會看到不同的顏色，有時藍，有時綠，讓人如入夢境⋯⋯

✿ 青山綠水中，八角玲瓏的觀池亭。

天池的水美，樹也是亭亭玉立。最讓人驚歎絕倫的是那些直入雲霄的雲杉。雲杉高大挺拔，形如寶塔，深綠如玉。而遊移在綠草中的羊群，又為天池增添了幾分流動的韻致。

天池形態最奇絕的山，是西南兩公里處的馬牙山。馬牙山海拔3056公尺，因形似一排巨大的馬牙而得名。馬牙山遠近聞名的是石林。近觀石林，可以說是形態各異，或如猛獸的巨齒獠牙，或如層層翻卷的波濤。石林中最珍貴的巨石，形似古代的牧人，它頭著氈帽，神態安然，如果不仔細看，真的分不清是人還是巨石。

除了馬牙山，還有天池以西3公里處的燈杆山。據說，當年的道士會在燈杆上掛天燈，天燈晝夜不滅，以此預示世道太平。或許因為此，該燈又稱太平燈。於燈杆山西眺，美麗的烏魯木齊可一覽無遺。特別是華燈初上之際，萬家燈火的烏魯木齊，如一顆光彩奪目的明珠，讓人浮想聯翩。

「一池濃墨沉硯底，萬木長毫挺筆端」。在天池，你既可以結伴登高，穿密林，登山巔，俯覽天池全景；也可以乘遊艇，破波逐浪；或者與三五好友，憑窗把酒，讓遠山近水，成為動人的畫，成為美麗的詩；或者在青山碧水中，忘卻自己的前世今生……

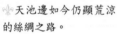
天池邊如今仍顯荒涼的絲綢之路。

犛牛頭骨在藏民眼中是可以避邪的聖物，瑪尼堆上富有靈性的牛頭骨歷經風雨洗刷，在歲月的打磨中顯露出一種攝人心魄的滄桑美。

納木錯

奇/異/多/彩/的/神/湖

這裡有湛藍的天空、碧藍的湖，有白雪、綠草、牧民的牛毛帳篷及五顏六色的山花，這裡，是你夢寐以求的地方。

位 於拉薩市當雄縣和那曲地區班戈縣之間的納木錯，湖面海拔4718公尺，是世界上海拔最高的大湖，也是藏傳佛教的著名聖地，傳為密宗本尊勝樂金剛的道場。正是因為此，西藏人把它稱為聖湖或神湖。

　　納木錯北側倚偎著和緩連綿的高原丘陵，東南部是直插雲霄、終年積雪的念青唐古喇山主峰。自念青唐古喇山山頂上遠眺納木錯，你會發現，被群山草地環繞的納木錯，如一面巨大的閃著神奇藍光的鏡子。在這裡，不論是湛藍的天空、碧藍色的湖水、山頂上的白雪，還是一望無垠的綠草及五顏六色的山花，都會讓你感慨萬千。而不時，還有一些頭纏紅頭繩，身著鮮豔的寶藍、大紅、白色衣衫和褐色氆氇的牧民揚鞭趕著犛牛走來，他們不僅帶來牛鈴叮呤的響聲，還有悠揚的山歌，拖著長長尾音，在山谷間跌宕起伏……

　　相傳，納木錯的水源是天宮御廚裡的瓊漿玉液，是天宮

🏔地理位置
西藏

👑入選理由
聖潔的湖水
虔敬的人群

165

神女的一面絕妙的寶鏡。事實上，納木錯是第三紀末和第四紀初，喜馬拉雅造山運動凹陷而形成的巨湖，後因西藏高原氣候漸趨乾燥，納木錯面積大為縮減。其湖水是靠念青唐古喇山的冰雪融化補給，湖水清澈透明，湖面呈天藍色，遠看如巨大的翡翠。近觀湖水，則閃著藍寶石般的奇異光彩。這夢幻般的藍色波光，只有用「神光」才可形容。最神奇的是，納木錯的天空竟然和湖水一樣湛藍如鏡，是天上的藍融在湖中，還是湖水染藍了天空？

納木錯湖水天相融，渾然一體。如果想閒遊湖畔，最好是選擇早晨。此時，湖面霧靄茫茫，周圍群山若隱若現，行走其中，任何人都會有身臨仙境之感。而當太陽升起，雲消霧散時，則會有另一番動人的景色。特別是風起時，清風拂面，會讓人感覺神清氣爽。那浩瀚無際的湖面漣漪，則如注視著塵世間的美麗仙女在手揮素巾。

儘管當地屬於高原氣候，天氣總是像孩子的臉，瞬息萬變，時而狂風大作，時而烏雲蓋天，但風雪過後，整個納木錯湖面依然波光粼粼。只要風和日麗，每到傍晚時，清澈透明的湖水，就會被夕陽的餘暉照得霞光萬點，非常迷人。

有湖的地方必有島嶼，納木錯湖也是如此。納木錯湖有五

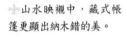

❀山水映襯中，藏式帳篷更顯出納木錯的美。

個島嶼，而且全都兀立於萬頃碧波之中。在納木錯的島嶼中，最著名的是紮西半島。當你下了小船來到紮西半島，讓你感覺到驚奇的，是那些林立著的石柱、石峰。這些石柱、石峰可以說是千姿百態，形象逼真，有的壯如象鼻，有的酷似人形，有的似松柏。此外，紮西半島還有幽靜的岩洞，有的狹長似地道，有的上面塌陷形成自然的天窗。據說，這五個島嶼是五方佛的化身，因而，來納木錯的人中，許多不是為了遊山玩水，而是為了朝拜，為了轉湖唸經。

❋瑪尼石上的經文如同圖案，一筆一畫都凝結著信徒最虔誠的祈願。

　　行走納木錯湖，你總能與這樣的遊客不期而遇或擦肩而過。當你看到他們像大昭寺的朝聖者一樣，久久地俯伏在湖邊，虔誠地朝拜時，你的靈魂也會受到前所未有的洗滌。此時，你生活中的煩憂再多，也會豁然開朗，猶如天空的一片湛藍。

雅魯藏布江

西/藏/的/母/親/河

你可以任由擁有清碧水波、湍急江水、蔥郁草木的雅魯藏布江帶你進行一次奇情之旅⋯⋯

雅魯藏布江發源於阿里境內，既是西藏第一大河，也是世界上海拔最高的大河。

從空中鳥瞰青藏高原，自雪山冰峰間流出的雅魯藏布江，如一條銀白色巨龍，在「世界屋脊」的南部奔騰不息。它瓊漿玉液般的河水，不僅造就了沿江奇絕秀麗的景致，而且孕育出源遠流長、絢麗燦爛的藏族文化。

雅魯藏布江的河源區多冰川、冰峰。置身其中，可見冰峰上冉冉升起的雲霧，如透明的羽紗，給雅魯藏布江河源區增添了幾許神秘色彩。如果天氣好，舉目仰望，藍色的天空十分靜潔，如水洗過了一樣。

從傑馬央宗冰川的末端至里孜一段，為雅魯藏布江的上游。雖然這一段河谷比較開闊，但水道十分曲折。行走其中，可見湖塘星羅棋布，兩岸水草豐美，景色格外悅目。而穿行於喜馬拉雅山和岡底斯山間的馬泉河，則如一條美麗的緞帶，與連綿的雪山、湖泊和一望無際猶如翠綠絨氈的草地遙相呼應，呈現出一幅絕美的水墨畫。馬泉河流域基本上是牧區，如果你幸運的話，不僅可以看到蒿草組成的沼澤化草甸，還可以一睹藏野驢、野耗牛的風采。

傑馬央宗冰川海拔5590公尺，卻並非「無人區」，冰川下就有牧民生活著。

從里孜到派鄉這一段，為雅魯藏布江的中游段。中游段不僅支流眾多，水量充沛，而且河段時寬時窄。在較寬的谷段，江寬水深，水流十分平緩，站在兩側山上俯瞰，可見藍綠色的江面和金光燦燦的沙洲相映成趣。

從派鄉到巴昔卡附近，為雅魯藏布江的下游段。著名的底

地理位置
西藏

入選理由
最純淨的天空
最綺麗的江水

項大峽谷就在這裡。這時的雅魯藏布江如一把巨斧，把群山一分為二。在劈開的狹縫裡，不僅江面狹窄，河床灘礁棋布，而且江流湍急，聲勢浩大。雄踞峽谷兩側的南迦巴瓦峰和加拉白壘峰，則如兩扇大門，讓峽谷變得更為雄偉峻險。

層巒疊嶂的山峰，呼嘯奔騰的江流，亂石嵯峨的峽谷，森林密布的山坡，雅魯藏布江就這樣在千迴百折中，構成了一幅波瀾壯闊的奇麗畫面。面對這樣的畫面，再生動的語言，也顯得黯然失色。

❀ 雅魯藏布江上游地區的沙化十分嚴重，與美麗的胡楊樹相伴的，是大片的沙丘。

三江源

神/奇/瑰/麗/的/雪/域/聖/地

這裡的山最雄偉，這裡的水最秀美，這裡的格桑花最鮮豔，這裡的百靈歌聲最優美。這裡就是長江、黃河、瀾滄江的源頭——三江源。

一路高山、一路雪花、一路經幡（風馬旗）、一路經塔、一路瑪尼石，當你經歷過這些後，就可抵達魂牽夢縈的三江源了。

一提起長江、黃河、瀾滄江，可以說是眾所周知，但鮮為人知的是，這三條洶湧澎湃、波濤滾滾的江河，同出一源——三江源。位於青海省南部的青藏高原腹地三江源地區，既是中國面積最大的天然濕地分布區，也是中國海拔最高的自然保護區，素有「江河源」、「亞洲水塔」之稱。

有人說三江源的美，在於它的遙遠，遙遠得如一座遠山上飄曳的經幡，讓你思緒萬千：文成公主的鄉思、唐僧取經的曬經台、格薩爾王的古戰場……事實上，如果到了三江源，你會發現，它的美還在於它遼闊的草原與眾多的湖泊、沼澤，還在於它的奇風異情。

三江源國家級自然保護區核心之一，年保玉則濕地的美麗景致。

三江源絢爛的花朵與藍天白雲映襯出了動人心弦的美。

如果來到了三江源，最不能錯過的景色，就是日月山。據說，文成公主當年進藏時，走到藏漢分界的日月山上，思鄉之情難以自禁，就在山上梳妝。梳妝完了以後，便隨手將用的鏡子擲到山下，鏡子一分為二，一半化為金日，一半化為銀月，日月交相輝映，照亮著文成公主西去的征程。站在日月山峰頂極目東望，是一派田園風情。西面，是萬頃碧波蕩漾的青海湖。西南面，山巒綿亙，草原一望無際，帳篷點點，不勝其數的牛羊、駿馬，在綠油油的草地上輕輕移動，儼然一幅草原風情。

如果你看過《西遊記》，肯定對曬經台耳熟能詳。相傳當年唐僧師徒四人西天取經回來，因忘記老龜所託之事，被老龜丟到河中，四人從河中上來後，只得將打濕的經卷放在岸邊的大石頭上一一晾曬。這塊大石頭就是現在的曬經台，在通天河大橋南岸，你就可見到曬經台，它已成為當地藏族牧民敬佛祭河的地方。到了這裡，首先映入你眼簾的，是那些經幡、煨桑台。風一吹，寫滿經文的經幡，就會被吹得嘩嘩作響……

🏔地理位置

青海

👑入選理由

經幡 瑪尼石古老的傳說

青海湖沙島旅遊景區俯瞰，遠遠磅礡，人群在蜿蜒的步道上去來……

青海湖

色/彩/斑/斕/的/聖/湖

如果你行走過很多地方，很少再為什麼而沉醉，那麼，就去青海湖吧！碧波連天的青海湖，如一個巨大的翡翠玉盤，嵌於高山、草原之間，斑斕得讓人心醉如狂！

在古代，青海湖叫「西海」，又稱「鮮水」或「鮮海」。在藏語中，青海湖叫「錯溫布」，意思是「青色的湖」；青海湖既是中國第一大內陸湖泊，也是中國最大的鹹水湖。從飛機上看青海湖，它就如一個巨大的翡翠玉盤。

如果你是第一次來青海湖，它給你的第一印象，是純潔自然，是未經修飾的翠玉。站在這無瑕的翠玉前，人們會感覺到周身都被蕩滌著，心一下子變得如湖水般清澈單純。

關於青海湖的來歷，有一個十分動人的傳說。據說，龍王有四子，其中三子都被分封到各海作龍王，只有第四個兒子無處可去。於是，龍王就在青藏高原為他開鑿了一個湖，這就是

美麗的青海湖。此外，有人說，青海湖中有水怪，至於水怪到底是馬頭或牛頭，至今眾說紛紜。但有人推測，所謂的水怪很可能是千年湟魚。但不管水怪是什麼，都為青海湖增添了神秘的一面。

青海湖最美的時候是7月前後。儘管這時南方的油菜早已揚花結籽收穫入倉，不過海拔3200多公尺的青海湖一帶，油菜花卻正肆無忌憚地開著。一片片黃燦燦的花兒，緊圍著青海湖大半圈湖岸，足有百萬畝之多。此時從高處俯視，可見花兒或帶狀、或條狀、或塊狀，鑲嵌在綠樹碧草間，在藍天白雲的襯托下，顯得異常斑斕。如果置身其中，面對那一波波蜿蜒起伏的花浪，你怎能不遐思萬千？而遠處，有悠閒自得地漫步在草地上的犛牛、羊群，交匯出一幅爽朗明媚的悠閒圖畫。

在青海湖，除了要看油菜花，還要看落日。湖邊的落日可以說是千古的佳景，欣賞落日時，最好是一邊散步，一邊拍照。當夕陽徐徐落下、餘暉在湖中映射出漾漾的波光時，青海湖就變成了一個粉面含羞的少女。而此時，除了靜默，除了讓恬靜的心情隨波光斜影徜徉，任何語言都是多餘的。

如果想看鳥兒，可在四五月間來青海湖的兩座鳥島。每年這個時候，來自中國南方和東南亞的海鷗、雁、野鴨、鶴等十多種鳥，會鋪天蓋地地空降島上，交配、孵蛋、養育後代。此時，兩座鳥島就成了鳥的天堂。

※ 湖水共藍天一色，映襯出遠處美麗的山峰。

※ 金黃的花海，藍藍的天水，引出無邊的神思飛揚。

黃龍

歎/為/觀/止/的/人/間/瑤/池

讓黃龍蜚聲中外的，是它的高山彩湖與灰華岩溶景觀，是它奇、絕、秀、幽的自然風光，宛如「人間瑤池」……

黃龍風景名勝區位於阿壩藏族羌族自治州松潘縣境內，景區內最不能擦肩而過的，是黃龍溝。

黃龍溝溝谷兩側的山坡上，是翠綠的原始鐘葉林。其次，就是鈣華彩池，這些地質學上的鈣華梯池也叫灰華田，是一種常見的喀斯特地形。但黃龍溝的灰華田數量之多、規模之大、色調之豔麗多彩，堪稱一絕。同時，溶解於水中的碳酸鈣又結成晶狀物體，或澱積於植物的概莖、倒木，或落地枯枝上，天長地久，就形成了厚數十公分、高十餘公分至兩公尺不等的堅固碳酸鈣圍堤。在黃龍，這些漫山遍野的灰華圍堤隨處可見。最絕的是，它們圍成了各種奇趣天成、形狀絕妙的水池。這些大小不一的水池高低錯落，層層相連，

地理位置
四川

入選理由
斑斕的鈣華彩池 黃龍溝

遠遠望去，宛如神話傳說中的蓮台瑤池。

　　黃龍溝的彩池有8群之多。每群彩池各不相同，都獨具特色。有的如蹄、如掌、如菱角、如寶蓮，但無論什麼形狀，都是斑斕奪目，引人入勝。當巨大的水流沿溝谷一路漫游，注入梯湖彩池時，梯湖彩池變得波光閃爍，水聲叮咚。更奇妙的是，在陽光的照射下，池岸潔白、水色碧藍的彩池就會變得五彩繽紛。

　　自涪源橋上溯，穿過一叢密林，只見彩池金光閃爍，其中的流水，如輕歌曼舞的少女，分外妖嬈；再往裡，則是「盆景多姿」，只見水邊或楊柳依依，或松柏蒼古，枝蔓盤繞，儼然置身於一個豐富多彩的盆景展覽會上……

　　從洗身洞絕壁頂至姿蘿映彩池間，是一路水飛浪翻的風光。水一路流淌，在到達長2.5公里脊狀的坡地上時，形成了黃龍的又一氣勢磅礡的奇觀，金沙鋪地。遠遠望去，整個溝谷金光閃閃，好像雪山上一條巨大的黃龍飛騰而下。黃龍溝正是因此而得名，並名聞天下。

　　而建於明代的黃龍寺，就在此溝中，相傳黃龍真人曾修道於此。每年農曆六月十六起為廟會日，方圓數百里的藏、羌、回、漢各族群眾從四面八方蜂擁而至，整個黃龍會變得熱鬧非凡……

高山的冰雪融水和地下水，在特殊地理自然環境下形成美麗的鈣華池。

稻城

五/彩/斑/斕/的/川/西/畫/卷

稻城是一個超凡脫俗的地方，不論是早上起來晨霧裡起伏的群山，還是層霜盡染的秋林、藍天，都能讓人的心靈得到純淨的洗滌。

地理位置
四川

入選理由
星羅棋布的海子

稻城位於川西高原西南邊緣，由橫斷山系的貢嘎雪山和海子山組成。雖然不大，稻城卻是一座歷史悠久的古城，東漢時為白狼羌地，唐屬吐蕃，清屬理塘土司，現在則屬四川省甘孜藏族自治州。

稻城的早晨，群山在晨霧裡起伏，美麗的稻城河從縣城外蜿蜒流過。如果是秋天，最賞心悅目的，是那河灘上一排排白楊，它們被秋風染黃的葉子，在陽光下會閃出耀人的光彩。從縣城到桑堆鄉，沿河灘一路前行，只見吃草的犛牛、飄起的炊煙、純淨藍天飛過的蒼鷹、金黃的秋楊、深紅的沼澤、波光粼

粼的小河，遙相呼應，構成了一幅五彩斑斕的川西高原畫卷。

　　稻城的古名為「稻壩」，在藏語裡意為「山谷溝口開闊之地」。在這裡，丘狀、冰蝕岩盆和斷陷盆地隨處可見，最著名的是古冰體遺跡，即海子山上的「稻城古冰帽」。

　　海子山草原遼闊，站在其上向下望，可見林立的怪石或大或小，形態各異。在陽光下，這些石頭閃閃發光。而與怪石相映成趣的，是星羅棋布的大小海子。

　　海子山周圍的大小海子有1145個之多，這些海子，宛如上帝失手而下的鑽石。讓人驚奇的還有那於海子中歡暢穿梭的游魚，在水邊棲息的百鳥，隨風搖曳的茸茸小草、小花。它們能在如此寒冷的水中、水邊生存，簡直是生命的奇跡。面對它們，人們更能體味到的，是生命的強大。

　　海子山是喜馬拉雅造山運動留給人類的古冰體遺跡，方圓3287平方公里。如果不是親自來到這裡，很難相信，世界上會有如此絢麗磅礴的自然景觀。在這樣的大自然傑作面前，人們會覺得宇宙洪荒的蒼茫和人類的渺小……

　　稻城桑堆的紅草地上，湖水裡、沼澤邊生長的秋草，在周圍或黃或綠的青楊樹、白楊樹的襯托下，更顯熾烈和鮮豔，與遠處的山巒、藍天、白雲一起，構成稻城的又一幅絢爛圖畫。

丹巴藏寨

千/碉/之/地

「千碉之國」丹巴，不僅有如雲的美女，它那獨具特色的嘉絨藏寨與碉樓群，更是讓它遠離塵世間，成為自然質樸的一方淨土。

地理位置
四川

入選理由
奇特的碉樓
絕美的美人

只要你到過丹巴，就會為丹巴的甲居藏寨、碉樓群、美女這「三絕」拍案叫絕。而最具特色的，是它的藏寨、碉樓群。當你走近，你會被它們震撼得不能言語。它們就如神祕而又古老的驚歎號，讓人思緒萬千。

丹巴境內現存有古碉343座，大多已有上千年的歷史，其中最早的大約建於500～1000年前。雖然不知道古人是如何建造這些碉樓的，但其建築工藝之精湛，堪稱世界建築史的一種奇跡。碉樓的外形通常為四角、六角或十三角的高方柱狀，十分別致。丹巴的碉樓多集中於梭坡與中路鄉，如果你從梭坡鄉走到中路鄉，這些巍然屹立的灰黑色建築，難免會讓你感覺眼花繚亂，恍如隔世。

丹巴甲居藏寨，鮮紅的辣椒和黃澄澄的玉米顯示著豐收。

在丹巴，除了碉樓，最能讓你大開眼界的，就是那些錯落
有致的藏寨民居。這些白色的寨樓，或掩映於青山綠樹叢中，
或散落於滿目蔥綠的緩坡上。無論在哪裡，都讓丹巴變得別具
風情。站在高處，舉目遠眺，只見丹巴山青樹翠，而那些潔白
如玉的藏寨，則宛若一枚枚精緻的白玉，嵌在一片綠毯之上。

🌿如王冠一樣的藏寨民居，在青翠山間若隱若現。

藏寨民居為石木結構，以家碉為脊，修築成 3～5 層的碉
樓式。底屋多為家畜圈，其上依次為鍋莊室、儲藏室、居室、
經堂及角樓（家碉），其中二三樓分別有天井和露天大陽台。

藏寨民居一般都是獨立小院，小院前後，多種蘋果、梨、
桃、石榴、核桃、花椒等樹木，它們或間或密，散落於山谷間
的坡地上。如果春天到這裡，油菜花、桃花、梨花盛開下，藏
寨民居在晨曦、日光、落日的浸染下，會如一幅幅美麗的畫
卷，流光溢彩地呈現在人們的眼前。

藏寨民居的一大特色，是它頂樓四角砌的白石與瑪尼旗。
這不僅體現了藏族人對自然的敬畏，也是高超的建築水準的最
好說明。而那些盤髮髻，著長裙，衣飾古典華美，氣質優雅端
莊的丹巴美女，則給這幅絕妙的山寨畫卷增色添香。她們雖然
不施粉黛，卻是國色天香。相信無論是誰，只要是來過這個地
方，就會很容易對它銘心刻骨，念念不忘。

亞丁

最/後/的/香/格/里/拉

如果你想體會純粹的川西高原風情，就到亞丁來吧。每年秋天，這裡的神山聖水、藍天白雲、樹林草甸，就像被施了神咒，總能讓你不知饜足的夢想漲滿、流溢……

亞丁位於四川省甘孜藏族自治州的稻城縣，與西藏、雲南毗鄰，平均海拔在3000公尺以上。雖然在歲月的長河中，亞丁沉睡了太久，但它絕美的雪山、草甸、海子、霜葉、牧場、田園，會讓你在見到它時情不自禁地屏住呼吸。

每年秋天，造物主都會再一次拿起畫筆，以仙境為範本，在亞丁境內，濃墨重彩地塗抹。此時，這裡的一切就如被施了神咒般魅力非凡……如果自中甸出發，一路翻越小雪山、大雪山和貢嘎雪山，經歷諸多的顛簸後，就能到達亞丁。在沿途，你不僅可欣賞雲遮霧繞的漫漫雪山，還能將藍天下被秋聲染黃的森林盡收眼底。如果從縣城出發，則很快就可到達俄初山——閃光之山。俄初山位於亞丁景區以北，其山形平緩，山坡上遍布著以雲杉、紅杉、高山櫟為主的茫茫森林。每到秋天，山巒、谷地、草原遍布紅葉、黃葉、綠葉，這裡就成了五彩繽紛、美侖美奐的世界。

去亞丁，無論走哪一路線，沖古寺都是不能錯過的風景。海拔3880公尺的沖古寺，位於仙乃日雪峰腳下。如果你早上或下午待在這裡，就會聽到時高時低、時近時遠的誦

 亞丁絢爛如花的珍珠海。

🏔 地理位置
四川

✋ 入選理由
絢麗的秋光
神聖的山峰

經聲，這聲音給寂靜的沖古寺帶來了神聖和神秘的色彩。

❀純淨的雪山靜靜地映
在山腳的清澈水心。

　　而亞丁景區由北峰仙乃日（觀音菩薩峰）、南峰央邁勇
（文殊菩薩峰）、東峰夏諾多吉（金剛手菩薩峰）三座神山
組成。站在高處遠眺，仙乃日如同並蒂而生的蘑菇，挺著圓
潤的身軀，十分動人；夏諾多吉如披著雪白長袍的仙人，又
如展開巨翅、振翅高飛的鯤鵬；央邁勇則如一柄利劍，直指
長天，蔚為壯觀。

　　不管神山像什麼，在藏人心中，這裡都是一方神聖的淨
土。如果一生能來這兒朝拜一次，對於他們來說，就沒什麼
遺憾的了。因而，在亞丁，你總可以看到一隊隊無比虔誠的
朝拜者，他們不辭辛勞、風餐露宿，在這塊聖潔之地，全身
心地叩首⋯⋯

甘南

中/國/的/麥/加

甘肅是一派荒涼之地？其實，甘南不僅有廣袤無垠的草原，房頂上飄動五彩經幡的藏式建築，還有別具風情的藏族文化。這一切，足夠讓遠道而來的人，為之流連、沉醉。

🏔 地理位置
甘肅

👑 入選理由
虔敬的轉經路

甘南地處青藏高原、黃土高原和隴南山地的過渡地帶。這裡有具「中國麥加」之稱的夏河、格魯派六大寺院之一的拉卜楞寺，還有神奇美麗的桑科草原。

如果你看過馮小剛導演的電影《天下無賊》，相信你對甘南應該有所瞭解。但甘南最讓人心馳神往的美麗景致，是傻根打工的地方，是拉卜楞寺和桑科草原所在地——小城夏河。無論誰來這裡，都會為這裡獨特的藏式建築，為在風中飄動的五彩經幡，為莊嚴神秘的寺院廟宇而震撼不已。

拉卜楞寺於1709年創建，之後，經歷代寺主、活佛興建，現已成為包括顯、密二宗的聞思、續部下、續部上、醫學、時輪及喜金剛六大學院和108個屬寺、八大教區在內的大型寺院。寺院先後興建經堂6座，大小佛

殿84座，此外還有印經院、講經壇、嘉木樣別墅、經輪房、普通僧舍、各種佛塔及山門等，建築面積約800畝，規模之宏大可以說是舉世無雙。寺院是藏漢合璧式建築，走近拉卜楞寺，可見其飛簷麗閣，雕梁畫棟，金碧輝煌。

拉卜楞寺不光是一個宗教中心，也是一所高等學府和古籍博物院，珍藏有文物數萬件。行走寺中，隨處可見的壁畫、卷軸佛畫，多以佛教故事為內容，是拉卜楞寺中極其珍貴的寶藏。但讓人最感興趣的，是拉卜楞寺的轉經筒。

❀拉卜楞寺中轉經的，不僅有成年人，甚至跟隨著未曾諳懂世事的孩子。

拉卜楞寺的轉經筒有1700多個，環繞整個寺院，綿延數公里，是一條壯觀的轉經路。沿長長的轉經路緩緩向前的，是那些虔誠的朝拜者。他們一邊輕搖手中銅質的小經筒，一邊撥動轉經筒，一邊唸唸有詞。也許，你永遠都聽不出他們口中在唸誦什麼，但那隨處可見的披著袈裟的喇嘛，卻時時在提醒著你，這是一方多麼神聖的淨土！而當朗誦經聲撲面而來，跌宕

❀甘南張掖美麗的丹霞地貌。

於你的心靈深處，你對佛的敬畏之情就會油然而生。

走出拉卜楞寺，可見奔流不息的大夏河，河面上橫架了一座樸拙的木橋。橋身上掛滿了經幡，據說可以用來超度、祭奠亡靈，向神祈福。寺的對面是美麗的鳳山，滿目蒼翠。在鳳山山頂下望，可見拉卜楞寺的鎦金銅瓦歇山式頂樓，金光閃閃。而遠

✤甘南充滿希望的山野中，小牛不知在靜靜冥想著什麼。

處，藍天黃土間，是聖潔而靜謐的高原。

離夏河縣城不遠，就是遼闊美麗的桑科草原了。據說，桑科草原是著名的格薩爾王煙祭鑄神、賽馬稱王的地方。藏語中，煙祭即桑火，進行煙祭為煨桑，因而，當地人稱此地為桑科（煨桑的地域）。群山環抱的桑科草原，中間開闊平坦，大夏河水自南到北而過，如飄落於綠毯上的一條哈達。

每到夏季，桑科草原綠草如茵，各色花卉爭奇鬥豔，牛羊星星點綴。深秋，草原則會換上金色的華衣。對於藏民來說，這是一個忙碌的季節，這時，他們要忙著為羊兒馬兒準備過冬的糧草。不論哪一個季節來到，都要看日落。當太陽收起耀眼的光芒，變得橙紅的慢慢向西方滑落時，整個桑科草原就會被暮色包圍。這時，總會有藏族小夥子揮著長鞭，從遠處策馬而歸。不遠的藏族民居則開始升起嫋嫋炊煙，風中彌漫著酥油茶的芳香，一天勞作即將結束……

✤甘南雲霧繚繞中的郎木寺，尤其顯得神聖與明淨。

阿壩

神/秘/的/雪/山/草/地

這是一個詩意的名字，而誰又想到，這裡曾是二萬五千里長征中的一個著名驛站？當年中國的紅軍就曾在這裡翻雪山，過草地。

位於青藏高原東南緣的阿壩，是四川省阿壩藏族羌族自治州的一個縣。在這裡，站在高處遠眺，不僅可以看到疊翠的群山，更可欣賞一望無垠的草地風光。

如果徜徉於阿壩，你就會發現，這裡最具風情的不是雪山、草地，而是紅葉、溫泉。

如果你想看紅葉，可去阿壩的米亞羅紅葉風景區。在藏語中，「米亞羅」意即「好耍的壩子」。每到秋天秋風初起時，米亞羅風景區內就變成紅葉的世界。而那時最美麗的是雜谷腦河谷兩岸的密林。密林中的楓樹、槭樹、樺樹、鵝掌松、落葉松等漸次經霜，樹葉被染成綺麗的鮮紅色和金黃色，分外妖嬈。

阿壩不僅有紅葉，它眾多的溫泉更是讓人流連不已。其中最為著名的，是古爾溝溫泉。古爾溝溫泉屬淡礦化，不僅溫度適宜，還含有偏矽酸、鋰、鋅、硼等20多種對人體有益的微量元素。當你在簡單古樸的溫泉小屋一邊泡溫泉，一邊閉目養神時，你旅途的疲憊，也會隨風而逝。

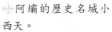

地理位置
四川

入選理由
好耍的壩子
溫泉 紅葉

❋阿壩的歷史名城小西天。

拉薩

日/光/之/城

西藏，是一個極具魅力的地方。它壯美的雪域風光、高聳的皚皚雪峰、遼闊的高原牧場、湛藍高遠的天空，曾經讓許多人心馳神往。而拉薩就處於這些無與倫比的美之中……

位於雅魯藏布江支流拉薩河北岸的拉薩，可以說是一座千年古城。據說，西元7世紀，文成公主嫁到吐蕃時，這裡還是一片荒草沙灘。後來，為了建造大昭寺和小昭寺，就用山羊背土填臥塘。寺廟建好後，這裡吸引了眾多的傳教僧人和朝佛的人，為解決這些人的吃住問題，人們就在大昭寺周圍建起了一些旅店和房屋。而松贊干布又在紅山擴建了「高原聖殿」——布達拉宮，於是，拉薩慢慢具有了規模。但再怎麼興建，拉薩很少有高樓大廈，這是因為布達拉宮是如此的至高無

✺波光樹影中的布達拉宮。

上，任何建築物都不能高過它。

布達拉宮在西藏拉薩西北的瑪布日山上，海拔3700多公尺，占地總面積36萬餘平方公尺，可以說是世界上海拔最高、規模最大的宮殿式建築群。其宮殿主樓13層，高115公尺，全部為石木結構。走近布達拉宮，首先撞入你視線的，是宮頂覆蓋著的鎦金銅瓦。這些金碧輝煌的鎦金銅瓦，給布達拉宮增添了雄偉壯觀的氣勢。

布達拉宮的主體建築分白宮和紅宮，白宮是達賴喇嘛生活起居和進行政治活動的地方；紅宮是歷代達賴喇嘛的靈塔和各類佛殿。在這些佛殿中，最具有代表性的，是由38根大柱支撐的東大殿。這是歷代達賴喇嘛舉行坐床、親政大典等重大宗教和政治活動的地方。在這裡，既能看到佛祖釋迦牟尼和眾菩薩，又能一睹五到十三世達賴喇嘛的肉身靈塔。其中價值連城的，是用11萬兩黃金包裹，並嵌有1500餘顆珠寶的五世達賴南贍部洲的靈塔。

在布達拉宮，你總會與一些朝聖者不期而遇。他們對佛祖

地理位置

西藏

入選理由

最純淨的空氣
最高遠的天空
最虔敬的朝拜

世界風華館 系列

中國最美的96個度假天堂

讓心靈回歸寧靜的29處朝聖地

✢拉薩市郊的草原、湖泊和安然的馬兒。

的崇拜與信仰，已超越了他們的生命。面對他們，你不僅會被深深地震撼，而且還會變得超脫起來。

你可以在布達拉宮頂層平台向下俯視。近處，是一片片掩映在綠樹中的新式樓房，是隨風飄揚的經幡，是四處彌漫的桑煙。遠處，連綿的群山，蜿蜒的拉薩河，與藥王山的高塔、古老的大昭寺遙相呼應，構成了一幅美麗恬靜的畫卷。

而拉薩的酒吧則更具特色，其中一種專門供給遊客打發時間，多集中在八角街一帶。拉薩人引以為榮的八角街，位於拉薩老城區，是圍繞大昭寺的一條環形街道，也是拉薩最古老的街道。只要行走在這條街道上，你就會感覺到自己是在拉薩。酒吧中比較著名的，是瑪姬阿米酒吧。據說當年六世達賴倉央嘉措，就是在夜晚的時候偷偷地從布達拉宮跑出來，在這裡與他的情人瑪姬阿米幽會，並寫下了著名的詩篇。而另一種酒吧，是供當地人消遣的，它們多位於拉薩的西邊。這類酒吧裡的氣氛與風花雪月無關，而是有最世俗、最瑣碎的生活。在這裡，你想喝什麼酒想喝多少都隨心所欲。

✢飽經滄桑的西藏老婦人，執著於自己的虔誠朝聖。

這就是拉薩，一個讓人產生錯覺的城市，厚重中不失浪漫，大氣中不失雄渾，古樸中不失華麗，滄桑中兼具時尚，但最主要，它還是那麼遙遠和虔誠……

那曲

帳/篷/的/城/市

在藏北牧人心中，這裡是蘊藏自然無數美景和奧秘的聖地。

那曲位於平均海拔在4000公尺以上的藏北高原。獨特而嚴酷的自然環境和與眾不同的生活方式，讓這裡別具風情。

在那曲，遼闊的羌塘草原和神秘的藏北無人區，都會給遠道而來的人留下深刻印象。賽馬節可以說是藏北草原的盛會，每到8月的賽馬節，牧民就會趕著牛羊，帶上青稞酒、酸奶子，以及圖案美麗的帳篷、卡墊，身著豔麗的民族服裝雲集此處。

除了服飾，賽馬節上最吸引外人目光的就是帳篷。那些質地、花色各不相同的帳篷，如一朵朵盛開的花兒，幾乎在一夜之間，就將那曲賽馬場四周點綴得五彩繽紛，從遠處看，簡直就是一個「帳篷的城市」。

除了賽馬、馬上射擊、馬上拾哈達、賽犛牛、拔河、抱石頭等，賽馬節上還有最經典的節目 —— 篝火晚會。當篝火晚會開始時，人們就會圍著篝火，一邊唱歌跳舞，一邊喝茶飲酒。歌聲、飲酒聲、說笑聲，響徹雲霄。於是，原本空曠的草原，變成浪漫、溫馨、熱鬧而歡樂的海洋。

🏔 **地理位置**

西藏

👑 **入選理由**

賽馬盛會

❋ 賽馬會上縱橫馳騁的英雄。

那清澈，似乎能勾起人們最
美好、純淨的回憶。

林芝

西/藏/的/瑞/士

林芝，它有鬱鬱蔥蔥的西藏古柏，高大挺拔的喜瑪拉雅冷杉……給人一種別樣的
感覺！

林芝地處西藏東南雅魯藏布江下游，平均海拔3000公尺左右，氣候濕潤，景色宜人，是西藏的江南。

　　來到林芝，不能錯過的是錯高湖。錯高湖也稱巴松錯，是紅教的神湖，素有「小瑞士」之稱。群山環抱中，錯高湖如鑲嵌在高峽深谷中的新月。湖兩岸的高山上，布滿了豐富的原始植被。青黑色的是青楓樹，深綠色的是松樹，淺綠色的是楊樹、松柏……

　　錯高湖的湖水是雪山流下來的冰雪水彙集而成，藍得那麼透澈、純淨。當四周的雪山和藍寶石般的天空靜靜地倒映於湖水間，當黃鴨、沙鷗、白鶴等飛禽浮游湖面時，湖則分外美麗。此時如果沒有高原的強光，你真會疑心自己是在夢境。事實上，秋天是錯高湖最美的時候。此時站在湖邊，讓人賞心悅目的，不僅有層層疊疊的金色，還有那火紅火紅的秋葉。

　　作為寧瑪派著名的神湖，每年都有很多人來錯高湖轉湖，特別是藏曆四月十五日。每到這一天，虔誠的藏民就會不遠千

🏔 **地理位置**
西藏

✋ **入選理由**
原汁原味的西藏風情

里而來，只為圍湖轉一圈。

　　如果想在錯高湖住一晚，可以選擇一個面山的房間。這樣，你想看雪山的時候，只須抬一抬眼就可以了。或者，你可以找一處開滿紫紅色鮮花的餐廳院子，要一壺奶茶，抱上一本書，讓不可多得的浮生半日，在茶香書香中虛度……

　　除了錯高湖，林芝最最引人矚目的，是海拔3千公尺左右的西藏巨柏。這片高大挺拔的柏樹林，素有「天然的自然博物館」、「自然的綠色基因庫」之稱。其中，最大的一株高50餘公尺，胸徑5.8公尺，樹齡已有2500年左右，可以說是中國的「柏科之最」。據說，當地藏族人一向視古柏林為聖地，苯教開山祖師辛饒米保的生命樹就是古柏。因而，當你走進一派蒼翠的林中，首先映入你眼簾的，是纏掛在古柏身上的風馬旗。而林芝幫納村的幫納桑，傳說是松贊干布和文成公主結婚時親手所種植的。現在，它的樹齡已達千年，高7公尺多，幹圍3.3公尺。

　　當你於旅途累了乏了，那麼，來這裡的原始村落坐坐吧。在這裡，你一定能喝到最本真的酥油茶，體味到最閒淡的藏式生活……

※林芝墨竹工卡縣尼羊河兩邊新蓋的民居，樣式非常漂亮。

✿日喀則往拉薩途中的
次仁欽瑪山。

日喀則

和/諧/完/美/的/世/外/桃/源

素有「西藏的糧倉」之稱的日喀則，有雄偉得可與布達拉宮比美的寺院建築，是
「最如意美好的莊園」……

日喀則是一個美麗如詩的地方，是一個少有的世外桃源。它位於拉薩以西250多公里的年楚河和雅魯藏布江交匯處，曾經是後藏的首府，又為日喀則地區政治、經濟、文化、宗教和交通的中心，也是歷代班禪的駐錫地。

也正因如此，日喀則還以寺院建築而著稱。這裡最著名的紮什倫布寺，是西藏最大的寺廟之一。寺中的彌勒佛大殿高近30公尺，建築面積近800平方公尺。徜徉殿內，可見數不勝數的佛像。而最為著名的，是鍍金強巴銅坐佛像，據說，它是世界上最大的鍍金強巴銅坐佛像，僅其蓮花寶座就高達3.8公尺，佛像高22.4公尺，據說佛像的鼻孔可容納一個成年人。而紮什倫布寺幾乎是一個城市，因為它的布局十分複雜，寺廟和民居相間，人行其間，如入迷宮。

日喀則不是一個浪漫的地方，但它美麗的河水，純藍色的天空，展翅的雄鷹，卻能將純淨與遼遠詮釋得淋漓盡致……

地理位置
西藏

👑入選理由
純淨 遼遠的天地

山南地區

西/藏/民/族/文/化/的/搖/籃

山南地區，既有神山聖湖、如畫的原始森林、遼闊的草原、雄險的大瀑布，又有久負盛名的寺院，這是一個斑斕的世界。

位於岡底斯山脈與喜馬拉雅山脈之間的山南地區，因有雅魯藏布江流經而山靈水秀。在這裡，你既可漫步於原始森林或遼闊草原，又可徜徉於城鎮和廟宇之中，但無論在哪裡，山南如畫的風景，都會令你心曠神怡，格外陶醉。

山南地區向有「西藏民族文化的搖籃」之稱，它最引人注目的，是雍布拉康。雍布拉康是西藏的第一座宮殿，它坐落在山南首府澤當鎮南的紮西次日山上，相傳是西元前2世紀由第一代藏王建造。

走出雍布拉康，舉目遠眺，黃綠交錯的田野盡收眼底，而遠處峻奇的山峰襯托著藍天白雲，交織出一幅風光絢麗的高原畫卷。

在山南地區，除了雍布拉康，最能讓人耳目一新的，就是雅魯藏布江了。沿江而行，不僅會欣賞到江隨波動的景色，還有飽覽不盡的沿江溝谷的遍地野花，滿目青蔥。

山南，是一方山清水秀的經典之作，它純粹的山、秀美的水、翠綠的草、鮮豔的花，總是讓人驚異不已，讓人流連忘歸。

地理位置
西藏

入選理由
如畫風光

山南的秋林、牧馬，因西藏純淨的空氣而更顯嫵媚。

193

阿里古格王國遺址，還
有遠處的紮達土林風光。

阿里地區

世/界/屋/脊/的/屋/脊

阿里地區奇特的高原風貌，神秘的神山聖湖，總是深深地吸引著那些探險者的目光，總是讓朝拜者嚮往不已。

🏔 **地理位置**
西藏

👑 **入選理由**
高原高處風情

位於西藏西部的阿里地區，大部分地區海拔4600～5100公尺，向有「世界屋脊之屋脊」之稱。

來到阿里，最不能錯過的風景就是聖湖——瑪旁雍錯，也是西藏三大「神湖」之一。蔚藍的湖水在陽光的照耀下，泛著美麗的波光，白雲雪峰倒映湖中，美侖美奐。

行走聖湖周圍，可與8座寺廟相遇。而對於遊人來說，最想去的地方，應該是楚古寺周圍聖潔的浴場。據說，這裡的聖水能洗掉人們心靈上的「五毒」：貪、嗔、癡、怠、嫉，清除人肌膚上的污穢。

事實上，在阿里地區，神奇的不僅是湖水，還有山。「神山」岡仁波齊，海拔6656公尺。在「神山」和「聖湖」之間，則是一片遼闊的大草灘。在這裡，牧人牧牛放羊，悠閒自在地生活著。

遠道而來的人，雖然不能像牧人一樣牧牛放羊，也不能像藏羚羊一樣奔跑，但這仙境般的景色，總會讓人在不經意間，將所有的煩憂拋到九霄雲外。

南迦巴瓦峰

中/國/最/美/的/山/峰

那種磅礡而又靜謐的氣息，讓人瞬間身心被凝固，靈魂如雲般飄逸到峰頂自由飛翔……

南迦巴瓦峰又名那木卓巴爾山，藏語中意為「雷電如火燃燒」。1995年，南迦巴瓦峰被《國家地理雜誌》評選為中國最美的十大名山之首，其美麗可想而知。

南迦巴瓦峰在雅魯藏布江大拐彎的東側，處於喜馬拉雅山和念青唐古喇山的會合處，是林芝、墨脫、米林的界山，海拔7782公尺，有冰山之父的美譽。南迦巴瓦峰是當地人心中的神山，主峰高聳入雲。相傳天上的眾神因經常降臨其上聚會和煨桑，因此有了旗雲是眾神們燃起的桑煙之說。此外還相傳山頂上有神宮和通天之路，因此居住在此的人們對南迦巴瓦峰更加尊崇和敬畏。

南迦巴瓦峰與念青唐古喇山脈加拉白壘峰交相呼應。據說它們曾是一對恩愛夫妻，因兩峰之間的雅魯藏布江最深處的溝壑，隔斷了它們的曠世絕戀，但這對癡情的戀人依然日夜廝守著彼此。

由於雅魯藏布江大峽谷水氣升騰，印度洋氣流迎面而來，所以南迦巴瓦峰雄奇險峻的全貌真容很少為人所見。而每當它羞答答地露出自己尊貴、驚世的容貌時，就會有陽光普照在白雪覆蓋的山峰上。此時凝視它，你甚至能聽到自己的呼吸……

🏔 **地理位置**
西藏

👑 **入選理由**
充滿陽剛之氣的山峰

✤ 煙霧像漫不經心的思緒一樣纏繞在南迦巴瓦峰。

珠穆朗瑪峰

世/界/上/最/高/的/風/向/標

在這裡，雲濤翻滾，一望無際。雲海中若隱若現的山峰時近時遠，時高時低，人入其中，怎能不飄然欲仙？

地理位置
西藏

入選理由
最充滿挑戰的高度

珠穆朗瑪峰位於西藏定日縣正南、喜馬拉雅山中段的中尼邊境處，海拔8844.43公尺，為世界第一高峰。在它周圍20公里的範圍內，群峰林立，山巒疊嶂，景色波瀾壯闊。

珠穆朗瑪峰因一位女神的名字得名。據說，這位女神有五姊妹，大姊名策仁瑪，住在西面不遠的策仁羌口戈峰，其山高七千多公尺。珠穆朗瑪排行第三，卻佔據了最高的山峰。每天早晨，她最早醒來迎接朝陽；而傍晚，當附近居民準備入睡時，她仍然在夕陽下閃著奪目的光芒。而在藏語中，「珠穆朗瑪」的意思就是「大地之母」，「珠穆」則是「女神」之意。

雖然想在珠穆朗瑪峰上生存可謂異常艱險，但在山峰中，那些千姿百態、瑰麗罕見的冰塔林，和高達數十公尺的冰陡崖，以及險象環生的冰崩雪崩區，總是如磁石一樣吸引著勇敢的登山者。

是的，珠穆朗瑪峰不是人間樂園，但絕對是登山者實現夢想的另類天堂。

珠穆朗瑪峰腳下，是清澈的冰雪融水。

喬戈里峰之神形。

喬戈里峰

冰/山/之/父

如果你喜歡征服世界，挑戰極限，喬戈里峰是首選之地；如果你想領略冰川風采，喬戈里峰也絕不會讓你失望而歸。

在塔吉克語中，喬戈里峰意為「高大雄偉的山峰」。而它也確如其名，海拔高達8611公尺，是喀喇崑崙山脈的主峰，而後者在地球上海拔僅次於喜馬拉雅山脈。

雄偉壯觀的喬戈里山峰，主要有6條山脊，其峰巔呈金字塔形，冰崖壁立，山勢險峻，可以說是登山者的天堂。如果你想看冰川，喬戈里峰絕不會令你敗興而歸。喬戈里山峰頂部是一個由北向南微微升起的冰坡，北側有大片的冰川。兩側，是名聞天下的音蘇蓋提冰川，長達44公里。在這裡，冰川表面破碎，明暗冰裂縫縱橫交錯。不知道這些冰川是如何、在什麼時候形成的。面對它們，你只能感歎大自然的鬼斧神工。

喬戈里峰東側為布洛阿特峰，海拔8051公尺；西側為斯潘德峰，海拔7385公尺；再往下是皇冠峰，海拔7295公尺，是世界登山家們矚目的第二個登山中心，是人類挑戰自我、超越自我的地方。

🏔 地理位置

西藏

👑 入選理由

最壯麗的冰川

197

✿四姑娘山美麗的海子溝。

四姑娘山

中/國/的/阿/爾/卑/斯/山

原始古樸、幽靜神秘的四姑娘山，如同四個頭飾白紗、姿容俊俏的少女。山下森林蒼翠，綠草如茵，一派秀美的南歐風光，被稱為「中國的阿爾卑斯」。

🏔️地理位置
　四川

👑入選理由
　無邊美麗的山
　溝、水、草甸

位於阿壩藏族羌族自治州的四姑娘山風景區，離臥龍自然保護區很近，由四姑娘山、雙橋溝、長坪溝、海子溝組成，向以雄峻挺拔、白雪皚皚、銀光照人而聞名。在當地藏民心中，四姑娘山是被崇敬的神山。據說有四位美麗善良的姑娘，她們為了保護心愛的大熊貓，同兇猛的金錢豹英勇鬥爭，最後變成了四座挺拔秀美的山峰。其中，身材苗條、體態婀娜的是四姑娘中的么妹，現在人們常說的「四姑娘」山，指的就是這座最高最美的雪峰。

四姑娘山的東面，奔騰急瀉的岷江縱貫而過，西則有「天險」之稱的大渡河。這裡的山谷地帶氣候溫和、雨量充沛，山連著森林、連著湖泊，如同世外桃源般美麗。這也成就了溝溝坎坎中的雙橋溝、長坪溝、海子溝。

　　雙橋溝全長34.8公里，面積216.6平方公里，既是最長的，風景也最迷人。沿溝的兩側，都是跌宕起伏的峻峭山峰，可謂「橫看成嶺側成峰，遠近高低各不同」。沿溝向前，在海拔400公尺處是有名的盆景林。盆景林既有低山地帶常見的成片樺木林、柏楊林、青楓林，也有高山帶的雲杉、冷杉、紅杉，還有成片的沙棘、灌木、落葉松。其中，高大挺拔的沙棘樹枝頭，或盤曲，或伸展，既有虯髯老松的蒼勁，又不失園林盆景的雄壯秀美，煞是動人心弦。

世界風華館 系列

中國最美的96個度假天堂

讓心靈回歸寧靜的29處朝聖地

✤在四姑娘山，還有這樣一群人，他們攀爬奇險的冰柱，只為體驗征服的無邊快樂。

　　如果說盆景林以林木見奇，溝中的珍珠灘則以水稱絕。每年春天，從山上流下的雪水會穿過樹林，淌過草坡，在珍珠灘這裡與幾十公尺寬的亂石坡相遇。風和日麗的日子，飛濺的水滴如粒粒珍珠，在陽光的照耀下熠熠發光，十分動人。

　　除了盆景林、珍珠灘，雙橋溝還有水草壩、撐魚壩。它們是兩個遞次向溝內延伸的百畝大草甸。若趕上季節，可見草甸上百花點點，一條條花帶橫臥在草甸和山坡。如果幸運，還可看到在樹林、山岩間時隱時現的峨眉金頂似的佛光。

　　一山有四季，十里不同天。四姑娘山的風光，會時時讓人歎為觀止！

梅里雪山

膜/拜/雪/山/太/子

相傳，梅里主峰卡瓦格博曾是一座無惡不作的妖山，密宗祖師蓮花生大師歷經八大劫難，最終將其收服……

地理位置

雲南

入選理由

變化萬千的雪山風景

🌸雲南梅里雪山下的雨崩上村。

里雪山位於雲南省德欽縣東北，是金沙江、瀾滄江、怒江「三江並流」之所在。這裡13座山峰的平均海拔在6000公尺以上，被當地人尊稱為「太子十三峰」。

藏經中說13峰都是修行的神仙，它們是藏民的守護神，卡瓦格博是最高神的所在。當地人認為，人類一旦登上峰頂，神便會離他們而去。沒有了神的佑護，災難將會降臨。藏民們深愛著身邊的每一座山，現在，在梅里雪山下的旅館和寺廟中，時常能見到簡潔但犀利的呼籲禁止攀登的倡議。

卡瓦格博峰是藏傳佛教的朝觀勝地，歷代法王、班禪都適時朝拜。人們盛傳，登上布達拉宮便可在東南方向的五彩雲層之中看到卡瓦格博峰的秀麗身影。據說，在2006年的一次朝拜中，十一世班禪大師確吉堅贊在道出了五穀豐登、六畜興旺、

人民生活幸福安康的祈願後，雲霧繚繞的卡瓦格博峰瞬間雲開霧散，秀美的山峰在陽光下閃出耀眼的光芒。在藏民心中，梅里雪山屬羊。若逢藏曆羊年，秋末冬初，千萬虔誠的藏民就會牽著羊、唸著經，互相扶攜著，繞山焚香，朝拜轉經，那種場面令人歎為觀止。

　　梅里雪山有著變化萬千的風景。4000公尺雪線以上，尖峰高聳，風雪連年，罕有人至；山谷中綿延的冰川，像一隊隊威嚴的戰士。而雪線以下，涼爽的山坡上，茂密高聳的針葉林和高山灌木林，鬱鬱蔥蔥，生機無限；林間不時閃現肥美的牧場，一些珍奇的高山動物悠閒地生活其間，讓人不禁心生感歎；再下來，草甸是蟲草、貝母等珍貴藥材的生長地；山腳的河谷則是人類活動的地方。春季來臨，溫和的氣候喚醒了沉睡一冬的生靈，河水歡唱，小草甦醒，連空氣也打了個哈欠，伸了伸懶腰，開始放聲歌唱了。

　　觀賞梅里雪山最佳的季節是在10月。這段時間，如果有幸，請期待這樣的美麗：早晨，雪峰下的針葉帶上方有一條白色雲帶，當地藏民特稱之為「卡瓦格博獻哈達」。隨著陽光的移動，雲帶不斷上升，中午時分飄到卡瓦格博峰頂，這是「卡瓦格博打傘」。此景並不多見，據說只有有緣之人才能一睹芳容。

❀梅里雪山下的平安塔，人們在這裡祈求神山的賜福。

❀梅里雪山下靚麗的經幡。

玉龍雪山

雄/奇/壯/麗/的/雪/國

時而雲氣蒸騰如有玉龍時隱時現，時而碧空如洗如少女出浴，時而雲帶纏繞如神女飛天……這就是美麗的玉龍雪山。

踏進麗江壩子，壩子北端拔地而起的巍巍雪山，就迫不及待地撞入你的視野。那皚皚的白雪，如銀雕玉塑，那千年冰峰，似乎就要衝上藍天 —— 這就是聞名遐邇的玉龍雪山。

南北走向的玉龍雪山，位於麗江城西北，由13峰組成。它可以說是造物主的傑作，因為，這裡有北緯最南端的現代海洋性冰川，而峰頂終年積雪不化，遠看就如一條條橫臥山巔的矯健玉龍。其主峰「扇子陡」海拔5596公尺，直插雲霄，氣勢磅礴。其得名是由於它為三稜體，不論從什麼角度看，都像一

扇打開的扇面。如果在錦鄉谷的草坪中仰望，「扇子陡」就像一片閃閃發光的白玉殼，在碧天白雲中光彩照人。

　　玉龍雪山主峰東側，是由幾座高峻如削的雪峰形成的萬丈絕壁。主峰西側，連綿陡峭的山崖臥在雪原中，黑白交錯中勾勒出一幅馬鹿跌倒圖，當地人稱之為「鹿跌崖」。下面是三面雪峰環抱的巨大雪谷。

　　「玉龍雪山天下絕」，最奇絕的是它變化多姿的雪景。雪景不僅隨著節令及氣候變化而千變成「三春煙蘢」、「六月雲帶」等，即使在一天中，也是多姿多彩。凌晨，當小山村尚在酣眠，雪山卻已從夢中醒來，峰頂染上一片晨曦，朝霞雪光相互輝映，煞是美麗；傍晚，當夕陽西下，餘暉灑滿山頂，雪山就如一位披著紅紗的少女，分外妖嬈。

　　如果你想觀花，在春末夏初時來玉龍雪山，就可看到百花鬥豔。其中，獨占花魁的是杜鵑花。據說，玉龍雪山僅杜鵑花就有40多種。當這些杜鵑爭相綻放，玉龍雪山就成了花的海洋。偌大的花海中，紅的像火，白的像紙，紫的如絳紗，大的花如牡丹，小的花如丁香……置身花海，如入人間天堂。

　　如果你想將整個雪山一覽無餘，可以乘索道遊覽玉龍雪山。當纜車慢慢前滑時，甘海子、白水河、黑水河、耗牛坪、雲杉坪等著名景點，就由遠而近，撲入你的眼簾。那些近在咫尺的冰川，會如刀戟一樣直刺蒼穹，而你則將感受到另一個晶瑩剔透、萬分絢麗的玉龍雪山。

　　此時，除了不斷地迎接並永久記憶這些美，別無其他。

✤ 玉龍雪山腳下的彝族姑娘。

✤ 雪山腳下的茶馬古道，犛牛被裝飾得別具魅力。

五彩灣

怪/異/神/秘/的/湖/相/岩/層/世/界

一直以為土地是黃的，黑的，偶爾有些褐紅，都是一些蒼茫而厚重的顏色，從沒有想過，原來土地也可以這麼絢爛。五彩灣，是生生從岩石中幻化出的色彩，是浴火焚身後的超然。

地理位置
新疆

入選理由
七彩的土地
怪異的岩層

在準噶爾盆地的東南部，有一片廣袤的沙漠地帶，那裡五彩繽紛，卻曾是一個死亡之地。據說在20世紀80年代以前，從沒有一個進入到那片地帶的人能夠活著回來，直到石油在那裡被發掘。

走進五彩灣，才明白單調不是這片土地的主題，而絢爛也不足以描繪它的色彩。

五彩灣位於古爾班通古特沙漠東部的吉木薩爾境內，距縣城有150公里，是獨特的雅丹地貌。它的形成，源於曾埋藏在這裡的極厚煤層。幾經滄桑，風雨剝蝕了地表的沙石，煤層在

通往五彩灣的新建公路。

雷電與陽光的作用下燃燒殆盡，又歷經千載風吹雨打，就形成了如今怪異的湖相岩層景觀。

※陽光灑在五彩灣，色彩就唱出了更亮麗的歌。

進入五彩灣，就像進入了一個光怪陸離的夢幻世界。一層層如湖水般的豔麗石紋，從四面八方向你湧來。明快的、強烈的、豐富多姿的色彩。順勢展望，那些或大或小的山岡，無不被豔麗的色彩纏裹著，就像是某個抽象大師的不朽畫卷。

五彩灣方圓十幾平方公里，包括著數百的五彩山丘。錯落有致的山丘，一個個像遊牧人的牧帳，透出村落般的安閒與溫暖。而那些高大的丘體，就像城中的高樓大廈，拔地而起。也正是這個神秘的迷宮，曾經是只能進不能出的「死亡之地」。

五彩灣最美的時候是黃昏。當紅日徐徐移至遠處山尖，山丘的色彩在陽光下逐漸變得炙熱，彷彿幾億年前的熊熊大火又在五彩灣燃起。那原本紅的，便紅得如火；黃的，便色如真金；綠的，猶如可愛的春之衣；藍的，便如九月的午後晴空。這般絢爛的色彩，是無法用語言來描寫的，尤其在晚霞滿天的「彩罩」下，溫馨、激動、祥和、澎湃都一下湧進了你的心底。生活中的瑣碎與不快，就在這激情的滌蕩中，漸漸變得遙遠虛幻起來。

五彩灣，就像一個身著彩衣，面東而視的沉靜女子。它美麗，卻又讓你說不明，道不出，只是覺得似乎有一股原始的、悲壯的、神奇的力量，在血管中蔓延、滋長。而每一個走進五彩灣的人，都會為她無窮的魅力所傾倒。

✎ 魔鬼城內部。也許正是
高低與錯落的地形造就了
它夜晚的恐怖動靜。

魔鬼城

詭/異/的/地/帶

每當月夜風高,在荒涼的沙灘戈壁上,一陣陣鬼哭狼嚎聲傳來,刺激著人們的耳膜。然而,當白日無風,這裡又是一片祥和!

地理學上的「雅丹地貌」,是在乾旱、大風環境下形成的一種獨特的風蝕地貌。「雅丹」是維吾爾語,為「陡壁的小丘」之意。烏爾禾風城,正如名字所言,是一座因風而聞名的地方。

據說,在大約一億多年前,烏爾禾風城地區是一個巨大的湖泊,湖岸上生長著茂盛的蕨草,水中棲息著眾多遠古動物。然而,兩次大地殼運動改變了這裡的景象,湖泊變成了間夾著砂岩和泥板岩的「戈壁台地」。戈壁岩石千百年來經受風雨的剝蝕,原本平坦的土地上出現了深淺不一的溝壑,裸露的石層也被狂風「雕琢」得奇形怪狀,就形成了現在的烏爾禾風城的模樣。

從克拉瑪依市出發，沿著蒼涼、寬廣的大漠公路前行不遠，就到了土丘、壟崗東西交錯的，方圓約10平方公里的區域，這就是傳說中的「魔鬼城」——烏爾禾風城。

那一座座被風吹蝕的風岩，尖頂圓蓋，高高低低錯落林立，就像一座座歐洲中世紀的大城堡。齜牙咧嘴的怪獸、垛堞分明的危台，真的是《美女與野獸》中野獸王子的城堡吧！而那邊簷頂宛然的亭臺樓閣，是否就是咒語解除後的美麗宮殿？還有那山坡上，滿是潔白、湛藍、血紅、橙黃的石子，就像是魔女遺留下的寶珠，更增添了「魔鬼城」幾許神秘色彩。

遠觀魔鬼城，可以感受其壯觀。當你真正深入，才能深切體會到它的恐怖之處。四周是高達十數公尺的「古堡」、側壁，側壁斷面的上億年沉積層理清晰可見。腳下黃土染染，寸草不生—— 一片死寂的世界。如果風起，飛沙走石，天昏地暗，猶如萬千鬼怪迎面撲來，狼嗥虎嘯，鬼哭神號，立於其中，人的精神會恍惚起來，一種莫名的恐懼由心底而生……

如今，魔鬼城已經開發，《七劍》、《臥虎藏龍》、《天地英雄》等電影，都曾在這裡取景。為了方便遊者，這裡已開闢了一條較寬的單行環線土路，並設置了路標，在電影取景的地方還作出了標誌。而這片土地下，還蘊藏著豐富的天然瀝青和石油。

在這裡，乾旱的皴裂也成了一種震撼人的美。

鳴沙山

千/古/奇/絕/的/沙/唱

在這裡，當你從山上輕滑而下，頓時沙鳴聲聲；如果人眾，還能聞得雷聲轟轟；行至沙畔，則見清泉一灣，猶新月落地。千年來，沙不填泉，泉不涸竭，尤顯奇絕。

地理位置
甘肅

入選理由
奇特的鳴沙
美麗的月牙泉

✤ 一彎秀麗的月牙泉，已經成為鳴沙山一樣響亮的景觀。

遠 遠望去，鳴沙山就像一條黃龍，綿延40多公里，橫臥在敦煌邊上。

鳴沙山最高處海拔1715公尺，山體由細細流沙堆積而成，觀來如金子般燦黃，抓一把像綢緞般柔軟，站在旁邊感覺，就像少女一樣嫻靜。

遊鳴沙山，要一步步登上不高的山頂並非易事。細細黃沙，看似嫻靜如水，行起來卻沒有半點支撐力，行一步，退半步，似平行而無進，不禁汗流浹背。然而，縱使如此，心卻暢快淋漓！

待登上峰頂看那一道道沙峰，真如大海中的波浪層層蕩開。俯瞰山下，在茫茫荒漠之中，有一灣形似月牙的泉水，隱隱泛著粼粼的波光，而泉邊蘆葦、垂柳搖曳，湖中輕波漣漪蕩漾——這就是鼎鼎大名的月牙泉。

月牙泉原是一條東西長約300餘公尺、南北寬50餘公尺的
小湖。自東漢起有記載以來，已近千年。日夜移動的流沙始終
沒有湮沒這片小湖，但如今由於乾旱，湖已經變得越來越窄，
雖月形猶在，然而已非新月，而似殘月了。

鳴沙山最為有趣的便是沙山的歌唱。但要體會這千古奇絕
的沙唱，卻非下山時不可。有人說，自鳴沙山而下，就猶如聽
見「天地間的奇響，自然中美妙的樂章」。原來鳴沙山，並非
是自鳴，而是下山人沿沙面滑落而產生的鳴響。坐上竹條板順
坡而下，耳邊嘍嘍嚀嚀，彷彿沙粒在歌唱。待多人結伴下滑，
流沙急速，則聽見咚咚咚，像笙笛吹奏，令人動魄驚心而又玩
味無窮。

鳴沙山還有一個秘密，那就是如果你掬一捧鳴沙細看，
就會發現沙粒有黑、白、紅、綠、黃之別。相傳，鳴沙
山原本水草豐茂，漢代有位將軍西征，所率人馬的
旌旗、鎧甲為黑、白、紅、綠、黃五色，駐紮
於此，於一夜突遭敵軍偷襲。正當兩隊廝殺之
時，大風驟起，刮起漫天黃沙，把兩軍人馬全
都埋入沙中，從此就有了鳴沙山。而鳴沙山
因壓制了眾多冤魂，所以至今猶聞兩軍廝殺之
聲。

傳說已無從考證，唯有鳴沙山之五彩晶沙在
低低訴說著沙之浮囂，與月牙泉之寧靜。

✿ 月牙泉的清澈泉水，滋
養了沙漠中難得的綠意。

✿ 不遠征程的旅人，
還可以騎著駱駝，體
味獨特的沙漠風情。

甘肅雅丹

絲/綢/之/路/上/的/明/珠

甘肅雅丹，是一個千年累積的奇幻世界，是全球規模最大、地質形態發育最成熟、最具觀賞價值的雅丹地貌群落。

地理位置
甘肅

入選理由
地質奇觀 海市蜃樓

提起古代絲綢之路，人們莫不想起成隊的商旅，不絕於耳的駝鈴聲。即使如今，當日的繁華早已不再，人們依然懷念其灼灼的風采。在這條路上，除了敦煌、玉門、鳴沙山、月牙泉等享譽世界的勝景外，還有一處隱秘的所在，猶如黑夜中隱隱閃現的明珠，它，就是雅丹。

從玉門關沿著古疏勒河谷西行，穿過野鴨、大雁、白鷺、灰鶴棲息的草甸、沼澤，經過漢長城、烽燧，待疏勒河谷沼澤逐漸乾涸，水鳥棲息的草甸漸漸消失，河谷被戈壁沙漠所湮沒，一座如魔如幻的古城堡群就出現在面前，這便是甘肅雅丹國家地質公園。

來到這裡，最先看到的，可能並不是古堡岩，而是另一種傳說很久、卻很難遇到的傳奇 —— 海市蜃樓：在茫茫的黃沙中躑躅獨行，正口渴之際，忽然發現面前有一鏡面，其中隱約波濤洶

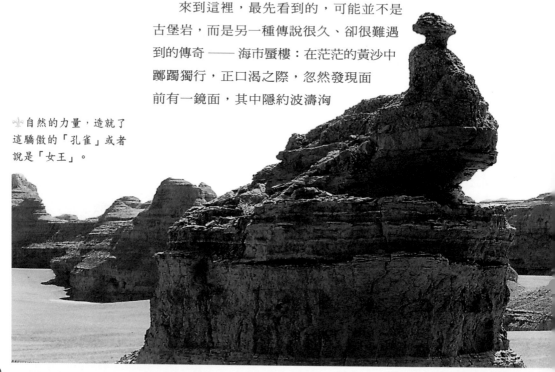

✦自然的力量，造就了這驕傲的「孔雀」或者說是「女王」。

湧，之上高樓、車馬欣欣然，灼灼然。原來海市蜃樓離自己如此之近。然而拐一個彎後，它便不見了……

　　正是在這塊經常出現海市蜃樓的方圓400多平方公里的土地上，有著神奇的雅丹地貌，雅丹地貌是由於長年經受狂風的吹拂而形成。其中，北區集中連片，以各種形狀的陡壁小丘為主，總體近南北走向；南區則以風蝕谷、風蝕殘丘、風蝕柱等為主，分布相對分散，總體呈東西走向。然而不管是北區還是南區，走進後就彷彿進入了風情阿拉伯，到處是連片的造型奇特的風蝕地貌，石孔雀、石駱駝、石鳥、石馬……千姿百態，唯妙唯肖。

　　甘肅雅丹不僅僅是一個魔獸世界，它還是一座世界建築藝術博覽館。穿行其中，對各種「魔獸」的恐懼，早已被世界著名建築的美趕到九霄雲外去了。天壇、布達拉宮、金字塔、蒙古包、清真寺……一座座世界著名建築的縮影，都可以在這裡找到。當你置身其中的時候，一股震撼人心的力量油然而生，天是那麼高，地是那麼闊，人又是那麼渺小……

　　然而，這一切的一切都是風神的傑作，是風在300萬年裡精心雕刻的結果。這是人類力量永遠無法觸碰的時空！

❋帶著孩子到這樣的地方領略它的偉大，將是一種無言但生動的教化。

芙蓉洞

瑤/池/美/景/哪/裡/尋

四川名不見經傳的小小武隆中一個芙蓉洞，卻帶給人們一份大大的意外與驚喜。

地理位置
四川

入選理由
天地造化的神奇洞窟

巴蜀大地素來名聲在外，其中勝景仙境星羅棋布，如色彩斑斕的九寨溝、彩池峽谷之鄉黃龍、萬民敬仰的千佛山、曲徑通幽的青城……但除了這些，還有一個不是很為人知卻絕對堪比奇絕的地方——武隆芙蓉洞。

芙蓉本應生在水裡，芙蓉洞卻深藏在大婁山綿延起伏的崇山之中。據說，在漫長的年代，芙蓉洞原本只是一個直徑不足一公尺的圓孔，孔中長年吐出一股清涼氣，來往的當地人都喜歡在這裡歇歇腳，於是稱之為涼氣洞。儘管一條小路掛在洞下，但誰也沒有想到，其中大有乾坤，是另一個世界。

直到1993年的一天，幾個村民在旅遊開發的啟發下，入洞後發現，神仙瑤池就在這裡。芙蓉洞是大型的石灰岩洞穴，大

約在60萬～100萬年前生成。其中，鐘乳類型幾乎包括了世界各類洞穴近30多個種類的沉積類型，不僅成為觀賞勝地，也是科學研究的重要場所。

步入芙蓉洞，迎面會撲來涼爽的風，即使是炎熱的夏季，也需保暖才可。隨著洞漸入漸深，配合著洞裡撲朔迷離的彩燈，彷彿走入了王母娘娘的瑤池，一步一個景幻。而置身其中，才感覺芙蓉洞之大。仰頭望去，一根根光潔如玉的棕櫚狀石筍，一幕幕寬大的石幔，粲然如繁星的捲曲石與石花，錯落有致地排列，其數量之多、形態之美、質地之潔、分布之廣，為中國境內罕見。

芙蓉洞洞體寬、高多在30～50公尺之間，而最大的輝煌大廳約有兩個足球場那麼大，面積約11000平方公尺，堪稱芙蓉洞之一奇。其間如金鑾寶殿、玉柱擎天、雷峰寶塔、海底龍宮、石田珍珠、巨幕飛瀑等，更是讓人目不暇接。

燈光照射下美侖美奐的鐘乳石。

芙蓉洞內或玲瓏剔透，或輝煌壯觀的鐘乳石，堪稱芙蓉第二奇。這些隨處可見的石柱群，高25～30公尺不等，根根潔白如玉，經由彩燈照射，猶如玉柱立於天宮。退一步以觀群柱，則如仙山瓊閣，穿行其間，分明就成了桃谷仙人。而芙蓉洞真正堪稱美景、令人歎為觀止的，則是命名為「瑤池雙塔」的地方。約30平方公尺的池中，晶花四現，形似珊瑚，色如玫瑰，呈帶狀層層分布水面，將約1公尺的深池點綴得美侖美奐。其間有高低兩座鐘乳石筍，點綴在晶花之上，如兩座玉塔，有畫龍點睛之妙……

中國最美的
96個度假天堂

作　　者	《中國國家地理》編輯委員會
發 行 人	林敬彬
主　　編	楊安瑜
編　　輯	李彥蓉
內頁編排	Zoe Chen
封面構成	Zoe Chen
出　　版	大旗出版　行政院新聞局北市業字第1688號
發　　行	大都會文化事業有限公司
	110台北市信義區基隆路一段432號4樓之9
	讀者服務專線：(02) 27235216
	讀者服務傳真：(02) 27235220
	電子郵件信箱：metro@ms21.hinet.net
	網　　　址：www.metrobook.com.tw
郵政劃撥	14050529 大都會文化事業有限公司
出版日期	2009年10月初版一刷
定　　價	250元
I S B N	978-957-8219-89-2
書　　號	Image-07

Metropolitan Culture Enterprise Co., Ltd
4F-9, Double Hero Bldg.,432,Keelung Rd.,Sec.1,
Taipei 110,Taiwan
Tel:+886-2-2723-5216　Fax:+886-2-2723-5220
E-mail:metro@ms21.hinet.net
Web-site:www.metrobook.com.tw

大旗出版
大都會文化　BANNER PUBLISHING

國家圖書館出版品預行編目資料

中國最美的96個度假天堂 ／ 中國國家地理編輯
委員會著. — 初版. — 臺北市 ： 大旗出版
：大都會文化發行, 2009. 10
　　　面 ；　公分
　　ISBN 978-957-8219-89-2(平裝)

　　1. 旅遊 2. 中國

690　　　　　　　　　　　　98016388

大都會文化圖書目錄

● 度小月系列

路邊攤賺大錢【搶錢篇】	280元	路邊攤賺大錢2【奇蹟篇】	280元
路邊攤賺大錢3【致富篇】	280元	路邊攤賺大錢4【飾品配件篇】	280元
路邊攤賺大錢5【清涼美食篇】	280元	路邊攤賺大錢6【異國美食篇】	280元
路邊攤賺大錢7【元氣早餐篇】	280元	路邊攤賺大錢8【養生進補篇】	280元
路邊攤賺大錢9【加盟篇】	280元	路邊攤賺大錢10【中部搶錢篇】	280元
路邊攤賺大錢11【賺翻篇】	280元	路邊攤賺大錢12【大排長龍篇】	280元
路邊攤賺大錢13【人氣推薦篇】	280元		

● DIY系列

路邊攤美食DIY	220元	嚴選台灣小吃DIY	220元
路邊攤超人氣小吃DIY	220元	路邊攤紅不讓美食DIY	220元
路邊攤流行冰品DIY	220元	路邊攤排隊美食DIY	220元
把健康吃進肚子 40道輕食料理easy做	250元		

● 流行瘋系列

跟著偶像FUN韓假	260元	女人百分百—男人心中的最愛	180元
哈利波特魔法學院	160元	韓式愛美大作戰	240元
下一個偶像就是你	180元	芙蓉美人泡澡術	220元
Men力四射—型男教戰手冊	250元	男體使用手冊—35歲+♂保健之道	250元
想分手？這樣做就對了！	180元		

● 生活大師系列

遠離過敏—打造健康的居家環境	280元	這樣泡澡最健康—紓壓‧排毒‧瘦身三部曲	220元
兩岸用語快譯通	220元	台灣珍奇廟—發財開運祈福路	280元
魅力野溪溫泉大發見	260元	寵愛你的肌膚—從手工香皂開始	260元
舞動燭光—手工蠟燭的綺麗世界	280元	空間也需要好味道— 打造天然香氛的68個妙招	260元
雞尾酒的微醺世界— 調出你的私房Lounge Bar風情	250元	野外泡湯趣— 魅力野溪溫泉大發見	260元
肌膚也需要放輕鬆— 徜徉天然風的43項舒壓體驗	260元	辦公室也能做瑜珈— 上班族的紓壓活力操	220元
別再說妳不懂車— 男人不教的Know How	249元	一國兩字 兩岸用語快譯通	200元
宅典	288元	超省錢浪漫婚禮	250元
旅行，從廟口開始	280元		

● 寵物當家系列

Smart養狗寶典	380元	Smart養貓寶典 貓咪玩具魔法DIY—	380元
讓牠快樂起舞的55種方法	220元	愛犬造型魔法書— 讓你的寶貝漂亮一下	260元
漂亮寶貝在你家— 寵物流行精品DIY	220元	我的陽光‧我的寶貝— 寵物真情物語	220元
我家有隻麝香豬—養豬完全攻略	220元	SMART養狗寶典（平裝版）	250元
生肖星座招財狗	200元	SMART養貓寶典（平裝版）	250元
SMART養兔寶典	280元	熱帶魚寶典	350元
Good Dog— 聰明飼主的愛犬訓練手冊	250元	愛犬特訓班	280元
City Dog—時尚飼主的愛犬教養書	280元	愛犬的美味健康煮	250元
Know your dog— 愛犬完美教養事典	280元		

● 人物誌系列

現代灰姑娘	199元	黛安娜傳	360元
船上的365天	360元	優雅與狂野—威廉王子	260元
走出城堡的王子	160元	殞逝的英格蘭玫瑰	260元
貝克漢與維多利亞— 新皇族的真實人生	280元	幸運的孩子— 布希王朝的真實故事	250元
瑪丹娜—流行天后的真實畫像	280元	紅塵歲月—三毛的生命戀歌	250元
風華再現—金庸傳	260元	俠骨柔情—古龍的今生今世	250元
她從海上來—張愛玲情愛傳奇	250元	從間諜到總統—普丁傳奇	250元
脫下斗篷的哈利— 丹尼爾‧雷德克里夫	220元	蛻變— 章子怡的成長紀實	260元
強尼戴普— 可以狂放叛逆，也可以柔情感性	280元	棋聖 吳清源	280元
華人十大富豪—他們背後的故事	250元	世界十大富豪—他們背後的故事	250元

● 心靈特區系列

每一片刻都是重生	220元	給大腦洗個澡	220元
成功方與圓—改變一生的處世智慧	220元	轉個彎路更寬	199元
課本上學不到的33條人生經驗	149元	絕對管用的38條職場致勝法則	149元
從窮人進化到富人的29條處事智慧	149元	成長三部曲	299元
心態—成功的人就是和你不一樣	180元	當成功遇見你— 迎向陽光的信心與勇氣	180元
改變，做對的事	180元	智慧沙	199元 （原價300元）
課堂上學不到的100條人生經驗	199元 （原價300元）	不可不知的職場叢林法則	199元

不可不慎的面子問題	199元 (原價300元)	交心— 別讓誤會成為拓展人脈的絆腳石	199元
方圓道	199元	12天改變一生	199元 (原價280元)
氣度決定寬度	220元	轉念—扭轉逆境的智慧	220元
氣度決定寬度2	220元	逆轉勝— 發現在逆境中成長的智慧	199元
智慧沙2	199元	好心態，好自在	220元
生活是一種態度	220元	要做事，先做人	220元
忍的智慧	220元	交際是一種習慣	220元

● SUCCESS系列

七大狂銷戰略	220元	打造一整年的好業績— 店面經營的72堂課	200元
超級記憶術—改變一生的學習方式	199元	管理的鋼盔— 商戰存活與突圍的25個必勝錦囊	200元
搞什麼行銷—152個商戰關鍵報告	220元	精明人聰明人明白人— 態度決定你的成敗	200元
人脈=錢脈— 改變一生的人際關係經營術	180元	週一清晨的領導課	160元
搶救貧窮大作戰の48條絕對法則	220元	搜驚・搜精・搜金 —從 Google的致 富傳奇中，你學到了什麼？	199元
絕對中國製造的58個管理智慧	200元	客人在哪裡？— 決定你業績倍增的關鍵細節	200元
殺出紅海— 漂亮勝出的104個商戰奇謀	220元	商戰奇謀36計— 現代企業生存寶典 I	180元
商戰奇謀36計— 現代企業生存寶典II	180元	商戰奇謀36計— 現代企業生存寶典III	180元
幸福家庭的理財計畫	250元	巨賈定律— 商戰奇謀36計	498元
有錢真好！輕鬆理財的10種態度	200元	創意決定優勢	180元
我在華爾街的日子	220元	贏在關係— 勇闖職場的人際關係經營術	180元
買單！一次就搞定的談判技巧	199元 (原價300元)	39歲前一定要學會的66種溝通技巧	220元
與失敗有約 — 13張讓你遠離成功的入場券	220元	職場AQ—激化你的工作DNA	220元
智取—商場上一定要知道的55件事	220元	鏢局—現代企業的江湖式生存	220元
到中國開店正夯《餐飲休閒篇》	250元	勝出！—抓住富人的58個黃金錦囊	220元
搶賺人民幣的金雞母	250元	創造價值— 讓自己升值的13個秘訣	220元
李嘉誠談做人做事做生意	220元	超級記憶術（紀念版）	199元
執行力—現代企業的江湖式生存	220元	打造一整年的好業績— 店面經營的72堂課（二版）	220元
週一清晨的領導課（二版）	199元	把生意做大	220元
李嘉誠再談做人做事做生意	220元	好感力— 辦公室C咖出頭天的生存術	220元
業務力—銷售天王VS.三天陣亡	220元	人脈=錢脈—改變一生的人際關係經 營術(平裝紀念版)	199元

● 都會健康館系列

秋養生—二十四節氣養生經	220元	春養生—二十四節氣養生經	220元
夏養生—二十四節氣養生經	220元	冬養生—二十四節氣養生經	220元
春夏秋冬養生套書	699元（原價880元）	寒天—0卡路里的健康瘦身新主張	200元
地中海纖體美人湯飲	220元	居家急救百科	399元（原價300元）
病由心生—365天的健康生活方式	220元	輕盈食尚—健康腸道的排毒食方	220元
樂活，慢活，愛生活—健康原味生活501種方式	250元	24節氣養生食方	250元
24節氣養生藥方	250元	元氣生活—日の舒暢活力	180元
元氣生活—夜の平靜作息	180元	自療—馬悅凌教你管好自己的健康	250元
居家急救百科（平裝）	299元	秋養生—二十四節氣養生經	220元
冬養生—二十四節氣養生經	220元	春養生—二十四節氣養生經	220元
夏養生—二十四節氣養生經	220元	遠離過敏—打造健康的居家環境	280元

● CHOICE系列

入侵鹿耳門	280元	蒲公英與我—聽我說說畫	220元
入侵鹿耳門（新版）	199元	舊時月色（上輯＋下輯）	各180元
清塘荷韻	280元	飲食男女	200元
梅朝榮品諸葛亮	280元	老子的部落格	250元
孔子的部落格	250元	翡冷翠山居閒話	250元
大智若愚	250元	野草	250元

● FORTH系列

印度流浪記—滌盡塵俗的心之旅	220元	胡同面孔—古都北京的人文旅行地圖	280元
尋訪失落的香格里拉	240元	今天不飛—空姐的私旅圖	220元
紐西蘭奇異國	200元	從古都到香格里拉	399元
馬力歐帶你瘋台灣	250元	瑪杜莎艷遇鮮境	180元

● 大旗藏史館

大清皇權遊戲	250元	大清后妃傳奇	250元
大清官宦沉浮	250元	大清才子命運	250元
開國大帝	220元	圖說歷史故事—先秦	250元
圖說歷史故事—秦漢魏晉南北朝	250元	圖說歷史故事—隋唐五代兩宋	250元

圖說歷史故事—元明清	250元	中華歷代戰神	220元
圖說歷史故事全集	880元 （原價1000元）	人類簡史—我們這三百萬年	280元

● 大都會運動館

野外求生寶典— 活命的必要裝備與技能	260元	攀岩寶典— 安全攀登的入門技巧與實用裝備	260元
風浪板寶典— 駕馭的駕馭的入門指南與技術提升	260元	登山車寶典—鐵馬騎士的駕馭技術 與實用裝備	260元
馬術寶典—騎乘要訣與馬匹照護	350元		

● 大都會休閒館

賭城大贏家—逢賭必勝祕訣大揭露	240元	旅遊達人— 行遍天下的109個Do & Don't	250元
萬國旗之旅—輕鬆成為世界通	240元	智慧博奕—賭城大贏家	280元

● 大都會手作館

樂活，從手作香皂開始	220元	Home Spa & Bath— 玩美女人肌膚的水嫩體驗	250元
愛犬的宅生活—50種私房手作雜貨	250元	Candles的異想世界— 不思議の手作蠟燭魔法書	280元

● 世界風華館

環球國家地理・歐洲 （黃金典藏版）	250元	環球國家地理・亞洲・大洋洲 （黃金典藏版）	250元
環球國家地理・非洲・美洲・兩極 （黃金典藏版）	250元	中國國家地理：華北・華東 （黃金典藏版）	250元
中國國家地理：中南・西南 （黃金典藏版）	250元	中國國家地理：東北・西北・港澳 （黃金典藏版）	250元
中國最美的96個度假天堂	250元		

● BEST系列

人脈=錢脈— 改變一生的人際關係經營術（典藏精裝版）	199元	超級記憶術— 改變一生的學習方式	220元

● STORY系列

失聯的飛行員— 一封來自30,000英呎的信	220元	Oh, My God! — 阿波羅的倫敦愛情故事	280元
國家寶藏1—天國謎墓	199元	國家寶藏2—天國謎墓II	199元

● FOCUS系列

中國誠信報告	250元	中國誠信的背後	250元
誠信—中國誠信報告	250元	龍行天下—中國製造未來十年新格局	250元
金融海嘯中，那些人與事	280元		

● 親子教養系列

孩童完全自救寶盒 （五書+五卡+四卷錄影帶）	3,490元 （特價2,490元）	孩童完全自救手冊—這時候你該怎麼辦（合訂本）	299元
我家小孩愛看書— Happy學習easy go！	200元	天才少年的5種能力	280元
哇塞！你身上有蟲！— 學校忘了買、老師不敢教，史上最髒的科學書	250元		

◎關於買書：

1. 大都會文化的圖書在全國各書店及誠品、金石堂、何嘉仁、搜主義、敦煌、紀伊國屋、諾貝爾等連鎖書店均有販售，如欲購買本公司出版品，建議你直接洽詢書店服務人員以節省您寶貴時間，如果書店已售完，請撥本公司各區經銷商服務專線洽詢。
   北部地區：(02)85124067　桃竹苗地區：(03)2128000　中彰投地區：(04)27081282
   雲嘉地區：(05)2354380　臺南地區：(06)2642655　高屏地區：(07)3730079

2. 到以下各網路書店購買：
   大都會文化網站（http://www.metrobook.com.tw）
   博客來網路書店（http://www.books.com.tw）
   金石堂網路書店（http://www.kingstone.com.tw）

3. 到郵局劃撥：
   戶名：大都會文化事業有限公司　帳號：14050529

4. 親赴大都會文化買書可享8折優惠。

大旗出版
BANNER PUBLISHING

中國最美的*96*個度假天堂

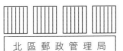

北 區 郵 政 管 理 局
登記證北台字第9125號
免　貼　郵　票

大都會文化事業有限公司
讀者服務部收

110台北市基隆路一段432號4樓之9

寄回這張服務卡（免貼郵票）
您可以：
◎不定期收到最新出版訊息
◎參加各項回饋優惠活動

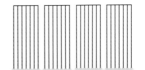

大都會文化　讀者服務卡

書名：中國最美的96個度假天堂

謝謝您選擇了這本書！期待您的支持與建議，讓我們能有更多聯繫與互動的機會。
日後您將可不定期收到本公司的新書資訊及特惠活動訊息。

A. 您在何時購得本書：＿＿＿＿年＿＿＿＿月＿＿＿＿日

B. 您在何處購得本書：＿＿＿＿＿＿書店（便利超商、量販店），位於＿＿＿＿（市、縣）

C. 您從哪裡得知本書的消息：1.□書店 2.□報章雜誌 3.□電台活動 4.□網路資訊
　　5.□書籤宣傳品等 6.□親友介紹 7.□書評 8.□其他＿＿＿＿＿＿＿＿＿

D. 您購買本書的動機：（可複選）1.□對主題和內容感興趣 2.□工作需要 3.□生活需要
　　4.□自我進修 5.□內容為流行熱門話題 6.□其他＿＿＿＿＿＿＿＿＿

E. 您最喜歡本書的：（可複選）1.□內容題材 2.□字體大小 3.□翻譯文筆 4.□封面
　　5.□編排方式 6.□其他＿＿＿＿＿＿＿＿＿

F. 您認為本書的封面：1.□非常出色 2.□普通 3.□毫不起眼 4.□其他＿＿＿＿＿＿＿＿＿

G. 您認為本書的編排：1.□非常出色 2.□普通 3.□毫不起眼 4.□其他＿＿＿＿＿＿＿＿＿

H. 您通常以哪些方式購書：（可複選）1.□逛書店 2.□書展 3.□劃撥郵購 4.□團體訂購
　　5.□網路購書 6.□其他＿＿＿＿＿＿＿＿＿

I. 您希望我們出版哪類書籍：（可複選）1.□旅遊 2.□流行文化 3.□生活休閒
　　4.□美容保養 5.□散文小品 6.□科學新知 7.□藝術音樂 8.□致富理財 9.□工商管理
　　10.□科幻推理 11.□史哲類 12.□勵志傳記 13.□電影小說 14.□語言學習（＿＿＿＿語）
　　15.□幽默諧趣 16.□其他＿＿＿＿＿＿＿＿＿

J. 您對本書（系）的建議：＿＿＿＿＿＿＿＿＿＿＿＿＿＿＿＿＿＿＿＿＿
＿＿＿＿＿＿＿＿＿＿＿＿＿＿＿＿＿＿＿＿＿＿＿＿＿＿＿＿＿＿＿＿＿

K. 您對本出版社的建議：＿＿＿＿＿＿＿＿＿＿＿＿＿＿＿＿＿＿＿＿＿
＿＿＿＿＿＿＿＿＿＿＿＿＿＿＿＿＿＿＿＿＿＿＿＿＿＿＿＿＿＿＿＿＿

讀者小檔案

姓名：＿＿＿＿＿＿＿＿＿＿＿　性別：□男 □女　生日：＿＿＿年＿＿＿月＿＿＿日

年齡：□20歲以下 □20～30歲 □31～40歲 □41～50歲 □50歲以上

職業：1.□學生 2.□軍公教 3.□大眾傳播 4.□服務業 5.□金融業 6.□製造業
　　　7.□資訊業 8.□自由業 9.□家管 10.□退休 11.□其他＿＿＿＿＿＿

學歷：□國小或以下 □國中 □高中／高職 □大學／大專 □研究所以上

通訊地址：＿＿＿＿＿＿＿＿＿＿＿＿＿＿＿＿＿＿＿＿＿＿＿＿＿＿＿＿

電話：（H）＿＿＿＿＿＿＿（O）＿＿＿＿＿＿＿傳真：＿＿＿＿＿＿＿

行動電話：＿＿＿＿＿＿＿　E-Mail：＿＿＿＿＿＿＿＿＿＿＿＿

◎如果您願意收到本公司最新圖書資訊或電子報，請留下您的E-Mail信箱。

大旗出版
BANNER PUBLISHING